U0925543

教育部人文社会科学研究一般项目：
《我国网络传播的PEST外部协同治理机制研究》
（编号：09YJA860012）

我国网络传播的PEST外部协同治理机制研究

The Research of External Coordination and Governance Mechanism on Internet Communication in China

马艺方 著

媒介经济与管理前沿论丛 总主编 李本乾

Media Economy & Management

上海交通大学出版社
SHANGHAI JIAO TONG UNIVERSITY PRESS

内容提要

当前以互联网为代表的信息技术日新月异，深刻改变了人们的生产和生活方式。本书从互联网信息传播的现状以及发展态势分析出发，以互联网政策的文本分析和政策绩效评估的实证调研为基础，并对互联网用户网络使用行为进行调研，最终归结于互联网信息传播治理这一根本问题，旨在构建我国网络传播的 PEST 外部协同治理机制，全面、多维、深入地对我国互联网治理问题进行探讨和分析研究。

本书适合互联网研究者以及从业人员参考阅读。

图书在版编目(CIP)数据

我国网络传播的 PEST 外部协同治理机制研究 / 马艺方著.
—上海:上海交通大学出版社，2017
ISBN 978-7-313-16115-4

Ⅰ.①我… Ⅱ.①马… Ⅲ.①传播媒介-计算机网络-管理-研究-中国 Ⅳ.①G241.3②TP393.07

中国版本图书馆 CIP 数据核字(2016)第 268594 号

我国网络传播的 PEST 外部协同治理机制研究

著　　者：马艺方
出版发行：上海交通大学出版社　　地　　址：上海市番禺路 951 号
邮政编码：200030　　电　　话：021-64071208
出 版 人：郑益慧
印　　刷：上海天地海设计印刷有限公司　　经　　销：全国新华书店
开　　本：710mm×1000mm　1/16　　印　　张：13.25
字　　数：200 千字
版　　次：2017 年 1 月第 1 版　　印　　次：2017 年 1 月第 1 次印刷
书　　号：ISBN 978-7-313-16115-4/TP
定　　价：45.00 元

版权所有　侵权必究
告 读 者：如发现本书有印装质量问题请与印刷厂质量科联系
联系电话：021-64366274

前　言

互联网无论是作为一个朝气蓬勃并爆发性增长的产业，还是作为一个越来越社交化和深入人们生活方方面面的社会性网络，它波及面广，辐射力强，影响力大，因此如何将它引导进入正确的发展轨道并最大限度发挥其积极作用便十分重要。

本书跳脱出单纯网络视野的局限，以互联网政策研究为基础，以实现政治(P)、经济(E)、社会(S)和技术(T)四维目标为方向，以对政策和用户行为的双重协调为研究路径，构建我国网络传播的PEST外部协同治理机制。

本书对我国互联网政策的协调性进行深入探讨和分析，以公共政策理论为基础，通过文本内容分析和问卷调查两种研究方法，运用公共政策协调性分析框架对我国互联网政策体系进行具体的研判和解析，提出我国互联网治理四维目标政策系统协同推进模式。同时，以我国互联网政策的绩效公民满意度为依据，以政策满意度调查的结果为基础，根据其揭示和反映出的问题，结合我国互联网治理的目标来建立我国互联网治理的社会进步综合绩效评估模式。另外，本书从计划行为理论着手，通过基于该理论的社会调研，结合我国当前互联网政策内容和实施现状，对互联网用户的网络使用行为态度、主观规范、控制认知以及其网络使用的意向和行为之间的关系和影响等进行揭示。

本书建构的我国网络传播的PEST外部协同治理机制以全面、多维和立体的方式对我国互联网治理问题进行了深入探讨和分析。同时还提出了我国互联网信息传播的政府风险防范管理机制。在对我国互联网信息传播的治理中，考虑到治理的主体即政府的重要性，本书针对政府在互联网治理过程中发挥的主要作用，建立与时代发展相适应的互联网信息传播风险防范管理机制。这是对政府管理职能和社会诸因素协同作用的全面考量和发展。

本书对互联网的政策研究主要通过回溯性和评价性方式进行，以文本分析和社会调查相结合，通过实证研究进行分析。对于互联网用户的使用行为则是一种验证式的实证研究。这三种方式融汇在一起，主要以定量分析为主对互联网治理进行探索，并得出相应的结果和预测性的研究结论。这是针对目前我国互联网治理研究，尤其是实证方面研究的不足所进行的有益和崭新探索。

本书是在我的博士论文基础上整理而成。写作论文时，许多新近制定和实施的法律法规尚未公布。对于未涉及的最新规定和科研成果，自己也深感遗憾。尽管本书中仍留有许多需要补救的缺失与不足，好在学无止境、研无止境，今后我将更加勤奋进取，努力探索，争取写出更能令人满意的研究著作以弥补今日之缺憾。

在此，我要衷心感谢我的恩师李本乾教授。非常庆幸在自己的求学深造阶段遇到这样一位治学严谨、智慧博学的导师。感谢李本乾教授在本书的写作和出版过程中给予的大力指导和帮助。李本乾教授精深的学术造诣和谆谆教诲将激励我不断奋发向上，积极进取！

感谢我博士学习阶段所有亦师亦友可亲可爱的同学和朋友们，他们给予我的团结友爱和支持帮助是我宝贵的人生财富！

感谢上海交通大学出版社提文静主任、责编糜玲老师为本书的编辑出版付出的辛勤劳动。她们的支持为本书的完成和出版提供了重要条件，我谨向她们表示最诚挚的敬意和谢意！

本书的写作和出版得到了教育部人文社会科学研究一般项目：《我国网络传播的PEST外部协同治理机制研究》（编号：09YJA860012）的资助，特此感谢。

目　录

第1章 绪 论

1.1 研究的目的与意义

1.1.1 研究的目的

信息时代，互联网①的发展日新月异，并逐步渗透进人们生活的各个方面。在互联网发展进程中，政府的支持和规制至关重要。随着互联网经济的发展，政府出台了一系列相关的政策措施，但是事实证明依然难以满足实际需求。以电信立法为例，我国的电信立法从建国初期1955年拟定《邮电法(草案)》开始，到2000年颁布《中华人民共和国电信条例》，历时近半个世纪。《电信法》的起草从1980年至今，整整三十余年仍未出台。电信法案的难产以及诸多政策无法充分发挥作用满足实践的现实，是学术界和实践部门一直关注的问题。

同时，当前在我国的互联网治理过程中，一方面出台的政策内容庞杂，且尚未形成一个统一而完整的体系。由于互联网问题具有的复杂性、多样性以及新颖性和多变性等特点，在具体政策内容方面，往往有数个甚至十数个权威机构进行对策研究并出台各自的方案。

另一方面，政出多门的现实以及互联网实践本身的不断发展，需要对规范互联网的政策和治理方式等方面进行研究，通过政策分析学以及实际的调查研究去发现当中的缺陷或者问题，在科学的基础上对改进我国的互联网治理做出贡献。

互联网无论是作为一个朝气蓬勃并爆发性增长的产业，还是作为一个

---

① 说明：本书题目为《我国网络传播的PEST外部协同治理机制研究》，如非特别注明，本书中“网络”与“互联网”所指意思相同，均为国际互联网络(internet)，两者在本书中互换通用。

越来越社交化和深入人们生活方方面面的社会性网络，它波及面广，辐射力强，影响力大，因此如何将它引导进入正确的发展轨道并最大限度发挥其积极作用便十分重要。在这一过程中，单靠政府的力量是远远不够的，它需要从政治、经济、文化、技术和社会等多方因素来考量，将参与其中的政府、企业和个人等多方利益者加入决策和运行规则等。从而，在充分发挥互联网各方参与者积极性和创造性的同时，使得互联网在良好的媒介生态中规范运行。

1.1.2 现实意义

从国际互联网发展的趋势来看，互联网从硬件设施的铺建到运作从来都需要多方参与者的广泛和深入合作。

如20世纪70年代以来，一些经济发展市场化程度较高的欧美国家兴起的公共服务民营化(Privatization)浪潮，主要是通过大规模地运用私营部门的力量来满足公众需求。在各国基础设施的建设和运营过程中，公共部门与私人企业合作模式(Public-Private Partnership, PPP)作为一种新型的融资模式在公共基础设施领域大显身手。在欧美发达国家中，它几乎应用到所有的公共部门，包括公路、医院、学校、监狱、信息技术设施和一般性政府行政任务等。

随着互联网技术和应用的不断发展，这一模式也开始逐步融入一些国家互联网发展计划。以美国为例，2010年3月16日，美国联邦通信委员会(FCC)向国会提交了国家宽带计划，这一计划被视为奥巴马政府2009年提出的经济振兴计划中有关宽带部分的行动纲领。这一计划对于政府提出的要求是，地方领导者、企业和电信业必须摒除自身利益矛盾，建立稳定的合作关系，即美国市政部门除了必须制定战略计划和全面网络建设规划来引导光纤及其他宽带部署工作以外，还必须努力建立双赢的公私合作关系，或采取相应举措激励私立运营商向社区提供宽带入网服务等。

几乎与此同时，2010年4月上旬，欧盟委员会在西班牙召开了“欧盟框架计划:从经济复苏到可持续发展”会议。此次会议包括一系列的公私合作关系，四大主题之一就是未来因特网(Future Internet，FI)，并结合了欧盟委员会综合网络与服务部主任路易斯·罗德里格斯·罗塞罗(Luis Rodríguez-

Roselló)的会议报告《FI-PPP 与未来研发计划》及欧盟于 2010 年初发布的《欧盟 FI 计划》白皮书进行讨论。

此外,在欧盟的物联网行动计划中,2009 年 6 月 18 日欧盟在比利时首都布鲁塞尔向欧洲议会、欧洲理事会、欧洲经济与社会委员会和地区委员会提交了以《物联网——欧洲行动计划》为题的公告,其包含的 14 项行动中,第 8 项就是公私合作,拟在正在筹备的四个公私研发合作项目中整合物联网。

可见,互联网事业的“硬件”建设是一个需要社会多方加入共同完成的庞大事业。同样,其“软件”部分的规范、约束、治理和遵循也是一个要以多方合作以期达到共赢的艰巨任务。

1.1.3　理论意义

本书将 PEST[即 Political(政治), Economic(经济), Social(社会) and Technological(科技)]分析法从研究企业的宏观环境分析中跳脱出来,将之运用于我国整个互联网产业的治理模式诸因素和手段分析,通过多方治理的概念来完成对互联网外部治理的诠释。

其次,在具体的研究方法中,本书主要以公共政策分析理论为基础,对我国的现有的互联网政策内容和绩效以两种不同的方式进行实证分析。这将有助于我国互联网政策制定体制的改善,促进政策处理过程中的有效性,进而将对推动政治体制改革起到一定的积极作用。同时能够为互联网规制研究提供更加清晰和深刻的背景分析并使今后的立法行为具有前瞻性。

目前我国的互联网政策领域存在诸多问题,通过公共政策分析理论进行研究,这里政策科学的引入和应用成为沟通纯理论研究与应用研究的桥梁,它采取了一般的研究方法并吸纳了个体经验和社会常识的内容,这是由政策科学的知识系统本身所决定的。

另外,政策科学将价值观问题引入科学研究领域,即试图通过探讨价值的含义、价值的协调、价值的代价和信奉价值的行为基础,进一步帮助决策者进行价值观的选择。将之应用于互联网的政策研究,有利于得出更具针对性和现实指导意义的结论。而且,其在检验和证实方面符合科学的基本规范,结合本书所要采取的实证研究(后文详述),将有助于推进我国互联网政策体系从整体规划、规制方面、层级体系、前瞻性以及平衡性等方面得到完善和加强，同时对我国互联网治理过程中存在的问题进行揭示和发掘，以期对我国互联网治理考量的内容和具体措施提供有益的决策建议。

1.2 研究的内容与思路

本书以互联网的外部治理为主要研究重点，通过理论模型和实证研究对于治理过程中诸要素 P(政治)、E(经济)、S(社会)、T(科技)进行分析和解读，构建 PEST 外部协同治理机制模型并对我国的互联网治理提出建设性意见。

首先，运用 SWOT 分析法对我国互联网治理进行分析。

根据我国互联网信息产业的发展现状，结合国际互联网信息传播的发展趋势，进行我国互联网治理过程中的背景分析。

其次，构建我国互联网治理的四维目标政策系统协同推进模式。

本书以公共政策分析理论为基础，通过内容分析法，利用公共政策协调性分析框架，对我国互联网政策系统进行协调性分析。这一部分通过回溯性政策分析的形式来解决对于 PEST 治理中 P、E、S、T 四要素的分析。它包括系统外部协调性分析、系统内部协调性分析，以及各个系统之间的协调性分析。如图 1-1 和图 1-2 所示。

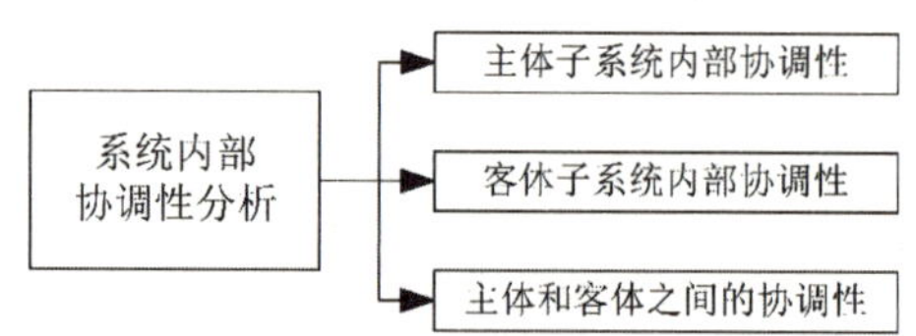

图 1-1 政策系统内部协调性分析

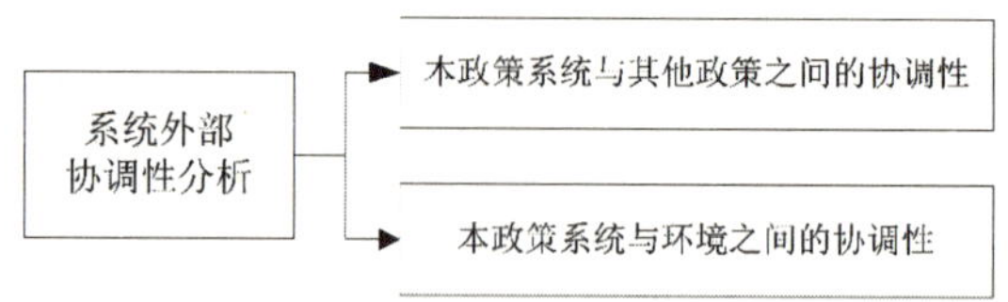

图 1-2 政策系统外部协调性分析

在对互联网政策系统与环境之间的协调性进行分析时，如图 1-3 也会将 P、E、S、T 诸因素列入考察范围。

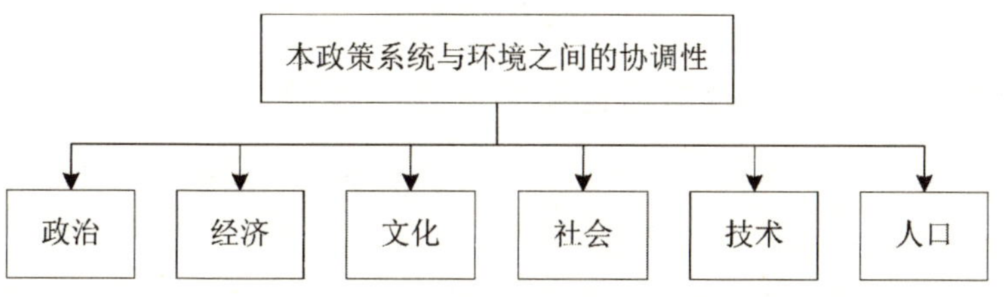

图 1-3 政策系统与环境之间的协调性

再次，建立我国互联网治理的社会进步综合绩效评估模式。

本书将以法律绩效的公民满意度评估模型（CCSI）①为主并加入社会因素内容，对我国互联网政策实施绩效和现有的治理情况进行社会调研。通过所得出的结果对我国互联网事业以及政府绩效进行评估。这部分内容主要是通过评价式分析来完成对 PEST 治理中 P、E、S、T 各方面的调查分析。同时，对治理中的涉及要素 P、E、T 情况进一步细化考察。

此外，对我国互联网用户的网络使用行为进行实证分析研究。

通过对互联网用户使用网络这一行为的调查研究，反映出政策的实施情况和效果。在这一过程中，不仅对互联网用户的媒介行为有了清晰的认知和分解，同时更对互联网的生态环境进行了深刻的认识。从而完善对我国互联网外部 PEST 治理机制的思考。

最后，经过优化分析构建我国网络传播的 PEST 外部协同治理机制。

综上，以解决互联网外部 PEST 治理问题为目标，本书以公共政策分析理论为指导，以文献内容分析法和社会调查法为基本方法，对我国互联网政策的主要内容和实施情况进行调研，并结合互联网用户的实际网络行为分析对互联网治理和运作绩效进行验证性评估。在这一过程中，完成对互联网 PEST 治理各个要素的分析和补充，最后构建我国互联网信息传播的 PEST 外部协同治理机制并提出相应的发展策略建议。

① 周文生.法律绩效的公民满意度评估研究[D].济南：山东大学，2010.

1.3 研究的方法与技术路线

1.3.1 本书中的公共政策理论和方法论主线图

公共政策分析理论主要包括描述性分析和预测性分析两种类型，本书对互联网的政策研究也包含这两方面的内容。其中，对互联网政策的描述性分析主要通过回溯性和评价性方式进行，以文本分析和社会调查相结合，通过实证研究来分析，对互联网治理进行探索，并得出相应的结果和预测性的研究结论。这是针对目前我国互联网治理研究，尤其是实证方面研究的不足所进行的新探索。

综上，如图 1－4 所示。

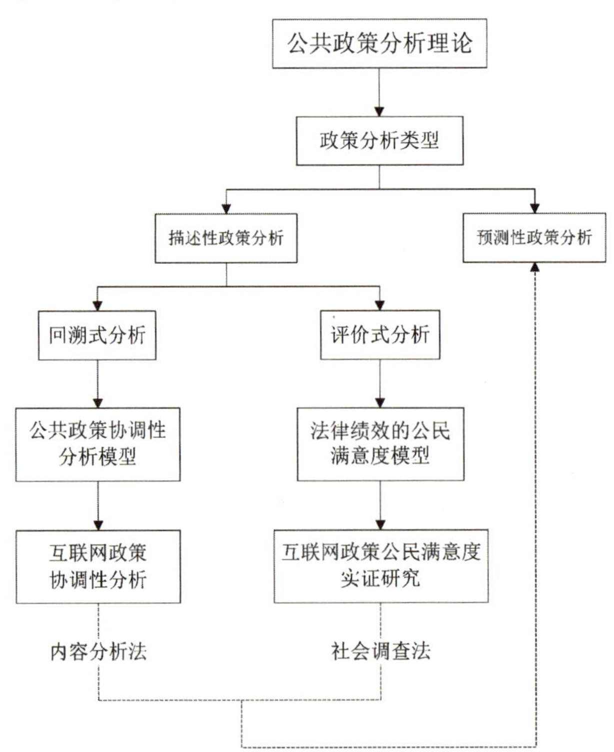

图 1－4 本书中的公共政策理论和方法论主线图

1.3.2 政策协调性分析框架

本书以公共政策协调性分析框架理论为基础，发展出我国互联网政策的协调性分析框架(见图 1－5),通过对我国的互联网政策的全面梳理和文本书分析,对我国互联网政策的协调性进行整体分析。

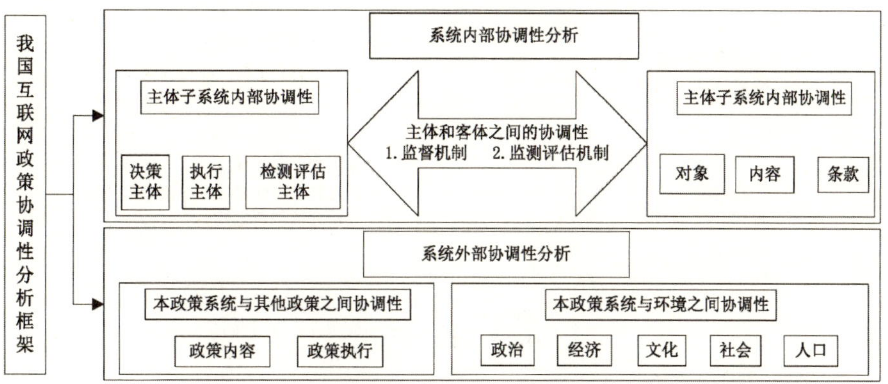

图 1－5　我国互联网政策协调性分析框架①

1.3.3　法律绩效的公民满意度模型

本书试图构建以公众满意度为主要目标的互联网法律绩效评估模式,对于该绩效评估体系,本书拟采用如图 1－6 的法律绩效公民满意度评估模型,在此基础上扩展建立我国的互联网法律绩效的公民满意度评估模式。

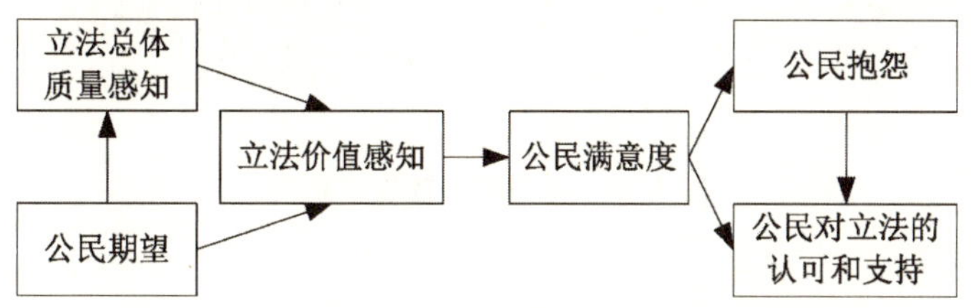

图 1－6　法律绩效的公民满意度评估模型(CCSI)②

1.3.4　技术路线

本书研究的技术路线如图 1－7 所示。

---

①　本书框架参考:杨雪燕,李树茁.公共政策系统协调性分析框架:设计与应用[Z].(未刊稿),2008.

②　周文生.法律绩效的公民满意度评估研究[D].济南:山东大学,2010.

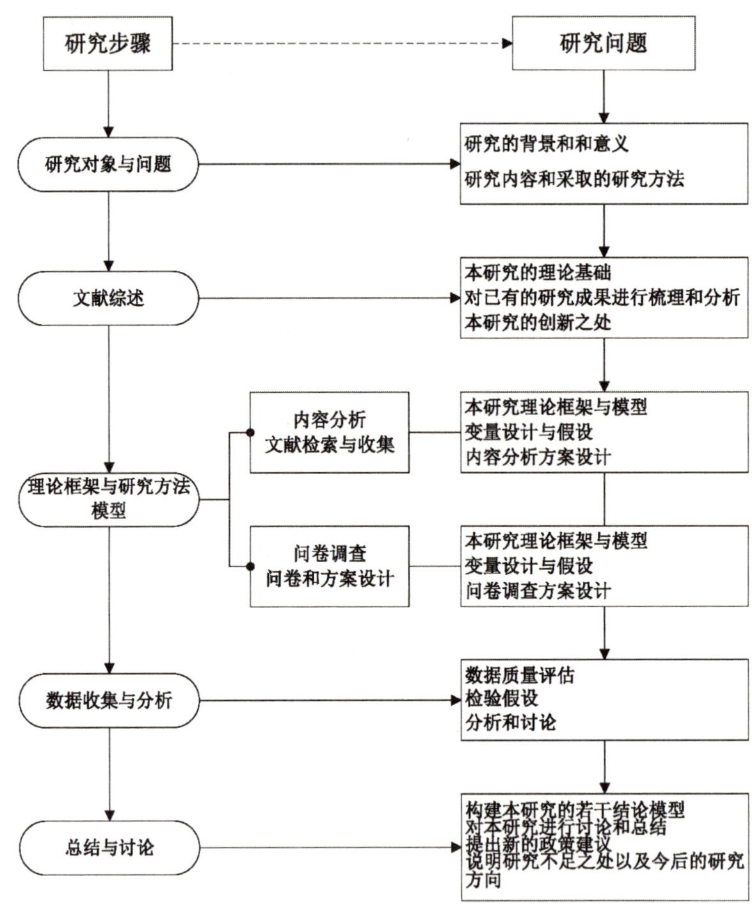

图 1－7 本书研究的技术路线

1.4 总体研究框架

本书总体研究框架如图 1－8 所示。

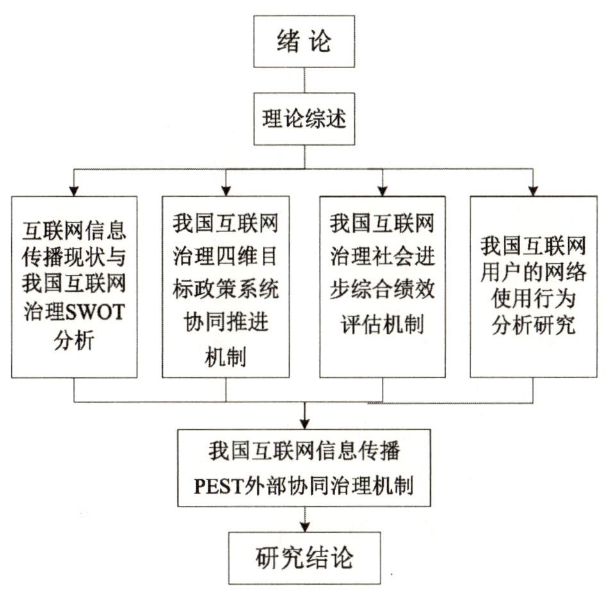

图1－8 本书的总体研究框架

综上,本书从互联网信息传播的现状以及发展态势分析出发,以对互联网政策的文本分析和政策绩效评估的实证调研为基础,并基于互联网政策文本进行互联网用户网络使用行为调查,最终归结于互联网信息传播治理这一根本问题,合力构建我国网络传播的PEST外部协同治理机制,全面、多维、深入、立体地对我国互联网治理问题进行探讨和分析研究。

第 2 章　文献综述

2.1　公共政策分析理论综述

2.1.1　公共政策分析理论综述

2.1.1.1　国外研究概况

政策研究可以总的定义为：为解决各种具体社会问题而对不同公共政策的性质、原因及效果的研究。这一领域中的某些研究者，如麦克拉耶的德热，强调政策的效果以及效果的评价或优化；而另一些研究者如托马斯戴和焦尼，则强调因果条件和过程。强调效果的人认为，如果不知道政策是否愿意被人接受并有效地执行，那么就无法制定政策。强调原因的人认为，政策的影响通常是政策制定中的一个重要因素①。

20 世纪 50 年代，美国政治学界发生革命性的变化，即政策科学在传统政治科学中开始脱出，并逐渐生长成一门新的学科。1951 年，美国著名的政治学家哈罗德・莱斯威尔（Harold Lesswell）在《政策科学：在范围和立法上的最新发展》一书中首次提出了政策科学概念。1956 年，又在《决策过程》一书中进一步论述政策科学的思想，并得到一批追随者的支持。

1962 年，美国著名科学史、物理学家托马斯・S・库恩发表了其对自然科学和社会科学影响至深的《科学革命的结构》一书，给政策科学的形成注入了新的活力，使长期被阻碍并发展缓慢的政策科学有了长足进步和发展。

20 世纪 60 年代，美国政府的各类机构开始广泛采纳系统分析技术。系统分析成为政策科学的一个组成部分。20 世纪 70 年代以来，政策科学开始着手建立自己新的规范。政策科学的学科建制有了巨大发展。在出版物方

---

① ［美］斯图亚特・S・那格尔.政策研究百科全书［M］.林明，等，译.北京：科学技术文献出版社，1990.

面，政策科学在美著名的刊物有：《政策分析》(*Policy Analysis*)，重点在政策科学的方法论和计划评价中的经济方面的问题；《政策科学》(*Public Science*)，在指示方法论的同时，涉及运筹、管理学问题，其作者群具有国际性；《公共政策》(*Public Policy*)，对内容的重视甚于方法，情趣偏好偏向经济学；《公共利益》(*Public Interest*)，注重价值观的研究，特别注重从非定量社会学角度分析问题；《政策研究期刊》(*Policy Studies Journal*)，以专题讨论形式重视运用政治学方法分析问题。在机构方面，著名的有：政策研究组织(Policy studies organization)，成立于 1972 年，与政治学联系紧密；政策分析与管理协会(The Association for Policy Analysis and Management)，成立于 1979 年，与经济学联系紧密；评价研究会(The Evaluation Research Society)，成立于 1977 年，主要用社会学和心理学方法研究政策问题。此外，还有两类非官方研究机构，即大学的研究中心(如耶鲁社会与政策研究所和南加州社会科学研究所)和非大学的研究中心(如布鲁金斯研究所、阿伯特研究所、城市研究所等)。

公共政策分析(Public Policy Analysis)是对公共政策主体为解决各类社会公共问题所选择的政策的本质、产生原因及实施效果的研究。

1) 公共政策分析理论的实质

对于什么是公共政策分析，许多学者进行了研究。不同的政策学者从不同的角度和范围对政策分析的实质进行了规定。

一是沃尔夫与派伊的看法。

他们比较倾向于从理论的角度来看待政策分析，认为政策分析的目的是要发展出一套对所有的政策都能适用的理论。比如，查尔斯·沃尔夫就指出："政策分析是运用科学理论方法，去解决政策的选择和实施问题的过程，这些政策涉及国内、国际及国家安全等方面的事务。"派伊则认为："政策分析者所希望发展的理论，决不仅仅是适用于对某一项政策或个案的解释，而是要能适用于对不同时间、不同空间的政策进行解释。"

二是奎德和怀德的看法。

他们更多的是从技术的角度看待政策分析，认为政策分析的目的是为了对具体的政策制定和实施提出合理的解释。比如，E·S·奎德就指出：

“政策分析是一种分析形态，其功用在于产生与提出信息，用来改良决策者进行判断的基础。”米切尔·J·怀特则认为：“政策分析的目的不是产生某种一锤定音的政策建议，而是帮助人们对现实可能性和期望之间有逐渐一致的认识，产生一种新型的社会相互关系与‘社会心理’模式。这种模式使人们对政府的某项职能有了新的共同认识，其结果是使政治集团之间的活动或行为更趋一致，冲突趋于减少。”

看重政策分析中的理论因素的学者，往往对政策分析作较为宽泛的理解，政策分析不仅仅是对政策制定的分析，而且还包括对政策执行和政策评估的分析。重视政策分析中技术因素的学者，则常常对政策分析作较为狭窄的理解，他们只将政策分析限定在对具体政策制定的研究上。

政策分析是依据一定的政策理论、知识，运用各种分析方法和技术，帮助决策者制定和优化具体政策的过程。政策分析必须以一定的政策理论和知识为基础。这里讲的政策理论包括两个层次：一是有关政策的本质、结构、类型、功能、过程等方面的理论；二是用于政策分析的认识理论、因果理论、系统理论。政策分析也必须以一定的知识为前提。主要包括必要的常识与专业知识，有关的自然科学知识与社会科学知识以及各种经验知识。

政策分析是运用一定的方法和技术的思维与实验过程。政策分析强调分析人员必须熟练地掌握某些分析方法和技术，并借助于模型来对正在制定中的政策或已经制定出来的政策加以思考与再思考。多数政策分析是通过个体与集体的思维来进行的，但有时为了对政策方案进行必要的检验和优化，还必须进行局部的实验。

2）公共政策分析过程模式

对于公共政策分析的过程，有许多政策学家提出了很好的见解。比如，卡尔·帕顿和大卫·沙维奇就提出了一个较为简化的过程模式。他们认为政策分析主要由 6 个阶段构成。这 6 个阶段分别是：认定和细化问题，建立评估标准，确认备选方案，评估备选方案，展示和区分备选政策，监督政策实施。卡尔·帕顿和大卫·沙维奇的政策分析过程模式虽然简单，但范围较大，从政策问题分析一直延伸至政策执行分析。

著名政策学家爱德华·S·奎德在《公共政策决策分析》一书中提出了

一个较为复杂的政策分析过程模式。其中包括 10 个阶段：阐明问题、确定目标和标准，找出并设计供选择方案，搜集材料和情报，设置并检验模式，审查供选择方案的可行性，对成本和效益进行估价，说明结果，对假设进行分析，提出新方案。奎德的政策分析过程模式尽管复杂，但其范围却较小，只局限于政策制定。

3）公共政策分析的类型与模式

公共政策分析的类型可以依据进行这种分析的时间为标准来分类。在政策执行之前所作的政策分析称为预测性分析。在政策执行后进行的分析，可以称为是描述性分析。

(1)公共政策分析的模式。

公共政策分析已经历过较长时间的发展。在政策分析的历史演变中，政策学家们创造出多种政策分析模式。目前普遍流行的有三种模式：麦考尔-韦伯的内容与过程分析模式、沃尔夫的模型分析模式、邓恩的信息转换分析模式。这三种政策分析模式都各有其优缺点。只有将这三种模式配合起来使用，才能收到较好的效果。

(2)麦考尔-韦伯的内容过程分析模式。

斯图亚特·S·那格尔编著的《政策研究百科全书》中收录了美国学者麦考尔与韦伯有关公共政策分析模式的论述。这两位学者认为，公共政策分析应集中在对其内容与过程的分析上，使用的方法有规范性分析、描述性分析两种。在内容分析与过程分析中两者可以交叉使用。将内容分析、过程分析与规范分析、描述分析结合起来就产生出四种分析类型：公共政策内容的规范性分析、公共政策内容的描述性分析、公共政策过程的规范性分析、公共政策过程的描述性分析等。

公共政策内容分析主要是对“政策将要影响的特定目标或目标的集合，期望的特定事件过程，选择的特定行动路线，提出的说明意图的特定陈述，以及采取的特定行动”等方面所作的分析。公共政策内容的规范分析主要涉及公共政策的本质。这类分析包括两个方面：一是使用批判的方式分析一个特定的公共政策，其目的或是对现行的政策提出改进意见，或是建议制定不同的新政策，从而使政策制定者确立较高的政策价值目标；二是未来分析，也包括两个方面，一是对当前政策的未来结果进行分析，二是探讨各种适合于预测未来社会发展变化的政策。

公共政策内容的描述性分析是将政策内容中的一个或多个属性作为与政策过程相关的解释变量，研究它们对整个政策内容的影响。这类政策内容属性主要有：政策领域、制度价值、政府层次、支持程度、公众实际满足程度与象征性满足程度，等等。

公共政策过程的规范性分析主要是对政策运行的程序性加以分析。这类分析或者是对现行的政策程序提出改进意见，或者重新设计出一套新的程序。在进行这种分析时，构建程序模型是主要的分析手段。

公共政策过程的描述性分析主要是对政策周期中的一个或几个阶段进行研究。政策周期包括政策表述、政策决策、政策实施、政策效果评价、政策反馈等环节和阶段。研究者也不是对所有的环节都感兴趣，其中研究得比较多的是政策表述与政策效果评价两个环节。前者的研究重点是分析政策问题的性质、政策的范围。后者研究的重点是对政策的效果、效能及成本效益进行分析。

2.1.1.2 国内研究概况

政策科学在美国萌芽并发展，我国也有引进与研究，如译著《系统分析与政策科学》(商务印书馆)、《政策科学的构想》(国家机械工业委员会编，内部发行)等。此外，国务院发展中心的王慧炯教授用政策科学的理论探讨中国政策的分类问题；国家体改委的孙效良主编《政策研究学概论》等。

林至敏在《政策分析导论》(1985)中针对政治学研究人员提出每项具体政策是怎样提出的，作为现代决策过程第一阶段的政策分析应该包括哪些要素，以及如何在中国当时的条件下，有效和正确地进行政策分析。

陈庆云在《关于公共政策分析的理论思考》(1995)中，指出公共政策的本质在于对全社会的利益进行分配，政府通过选择、综合、分配、落实利益，实现政府目标。解决市场经济中的效率与公平，要靠两种机制：市场机制主要解决效率，(公共)政策机制主要解决公平；事实与价值的有机结合，是公共政策分析的基础。

王立京在《中国公共政策科学研究 20 年的回顾与思考》(2002)中对我国

公共政策科学经过 20 年的发展进行回顾，指出其在取得重要进展的同时也存在着一些不容忽视的弱点。如：学科社会建制规模狭小，理论脱离实际，研究方法单一和落后，学科综合化不够，等等。

胡宁生在《公共政策分析的意义与模式》(2001)中就公共政策分析的功能和意义以及其分析模式进行了概括和介绍。

贺卫、王浣尘则在《论公共政策研究中的模型方法》(2000)中介绍了公共政策分析的 10 种理论模型，旨在提高对公共政策制定过程的全面认识和理解。同时指出对任何一项公共政策制定过程的分析，都不应只局限于某一种理论模型。只有用多种模型进行综合分析，才能得出正确的结论。

杨海华在《近年来我国公共政策科学研究评估(2004—2008)》(2010)中指出：20 多年来，我国公共政策科学从无到有取得了长足的发展。但由于其理论体系和方法论主要是对西方公共政策科学的粗略嫁接甚至是完全移植，这种先天的不足导致了我国公共政策科学缺乏本土化研究，其理论研究缺乏国际化视野，其论证过程缺乏技术理性，在很长一段时间里其研究都滞留于较低水平。因此，提高我国公共政策科学研究水平，需要加强对我国公共政策科学理论体系的创新，处理好本土化研究和国际化研究间的关系；加强我国公共政策科学研究的技术工具体系的创新。

2.1.1.3 国内外研究现状述评

目前关于互联网法律法规以及政策研究的内容不少，主要包括：《中国互联网法律法规政策分析》、《互联网政策法规建设的主要特点和趋势分析》(朱秀梅, 2007)；《由互联网软件恶意竞争案透视我国互联网法律监管制度的缺失》(刘心一，2011)；《互联网法律规制模式的探讨》(刘乙、李长喜，2009)；《互联网法律动态(2005 年至 2007 年)》(张霁爽、任启明、符明子、许梦笔，2010)；《解读欧盟互联网法律监管》(孟威，2007)等。

另外，《我国互联网治理政策中的问题及对策研究》(乌静，2008)曾就自 1994 年我国开始制定互联网治理政策到 2007 年已经发布的 43 部政策进行过文本梳理，其主要从政策主体和政策问题两方面对未来我国互联网治理政策制定提出相应的对策建议。在研究方法上，一方面是采用文献研究法，将我国现有的 43 部互联网治理政策按时间排序，然后以政策主体和政策问题两要素为线索进行分析;另一方面,采用系统研究法,仍以政策主体和政策问题为主要线索,分别研究二者之于政策制定与变迁的地位和作用,以及政策环境与政策演变的关系。

总的来看,现有文献围绕这一政策问题,采用一般的逻辑思路,即对现有政策内容的国内外介绍研究,目前这一领域存在哪些具体的问题,以及如何解决这些问题等。在具体的研究方法方面,主要以定性分析为主,缺乏定量研究。以《我国互联网治理政策中的问题及对策研究》(乌静,2008)为例,尽管也是对我国互联网治理政策的文本梳理和分析,但是首先在研究内容上,其研究的重点仅仅聚焦于政策主体和政策问题两个方面;在研究方法上,文献研究法侧重时间线索,而系统研究法的应用尚嫌不足,局限于政策各因素本身,仅对政策系统进行了分析,未能较好地解决互联网政策系统主客体各自内部、主客体之间,以及互联网政策系统内部、互联网政策系统外部和互联网政策系统与社会包括各个社会要素之间的关系。而这些尚未涉及的问题,将会是本书的研究重点所在。

由于互联网治理本身的特殊性和复杂性,以及它所涉及的社会方方面面,诸如政治、经济、社会、技术以及文化等因素,决定了这一政策体系是一个复杂的政策系统,要受到不同利益群体以及系统本身内外部的多重影响。至于这一体系是否协调,它现有的政策影响以及效果怎样,目前还没有文献对此进行研究。

同时,在这一政策体系的制订和运行过程中,也不仅仅体现和反映政策本身的问题。它同样揭示了在互联网治理中所涉及的政治、经济、文化和社会等各方面的利益所在、价值体现、问题汇集和矛盾冲突。因此,这也是本书之所以通过政策分析的方式并运用 PEST 分析框架进行互联网外部治理研究的目的和意义所在。

另外,在研究方法上,本书将文本分析与社会调查相结合,通过两者互相验证这一新的研究方法对研究内容进行双重对应分析。这既是弥补前述已有研究文献上对实证研究的欠缺和不足,也是本书将要进行的创新点之一。

2.1.2 公共政策协调性分析框架及应用

综上,结合当前互联网发展的形势和实践经验,对互联网政策体系内容以及运行中所突显的一系列问题和困境进行探索，发现当前这一领域学术研究欠缺的现状恰是本书的价值所在。而考虑到互联网政策体系的复杂以及权益的集合多样，则需要对其进行具体研判和解析。

针对公共政策的协调性分析，杨雪燕、李树茁在《出生性别比偏高治理中的公共政策失效原因分析》(2008)中，通过社会性别公平理念和公共政策系统协调性分析框架，见图 2-1，采用内容分析方法对有关政策文本和文献进行了深入分析，以获得我国出生性别比偏高问题治理的公共政策失效的原因。研究结论对于中国出生性别比偏高问题的治理、国家关爱女孩行动的顺利开展等都具有一定的借鉴和指导意义；同时其中所采用的公共政策协调性分析框架也丰富和发展了政策评估方法。

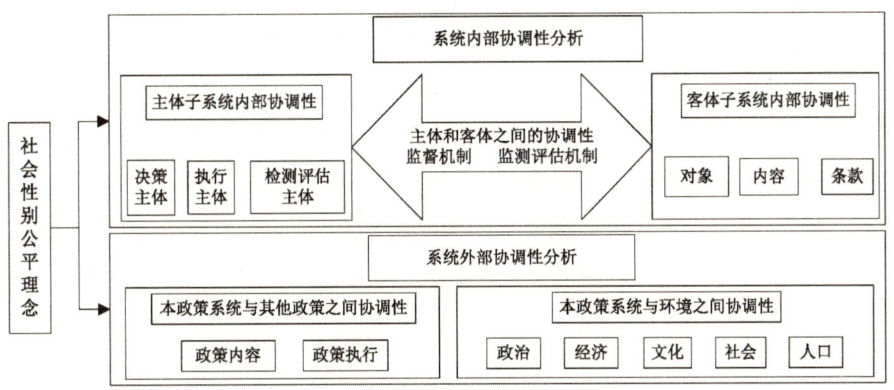

图 2-1　基于社会性别公平理念的公共政策系统协调性分析框架

其中，系统协调性指的是一种合理的比例关系以及功能之间的合理匹配，一种整体结构最优、功能最强的合理布局。一个完整的政策系统由主体子系统、客体子系统和环境超系统组成，因此政策系统的协调性即是各个政策子系统内部及彼此之间的合理匹配关系，本政策系统与其他政策以及环境之间的兼容关系[①]。

沈苏燕、李放在《农民养老政策系统的协调性分析——以政策文本为研究对象》(2010)中，也以国家官方网站的相关政策文件为样本，以政策支持

① 杨雪燕，李树茁.公共政策系统协调性分析框架：设计与应用[Z].(未刊稿)，2008.

农民养老为理念，以系统协调性为框架，实证分析了农民养老政策系统的协调性。见图 2－2。

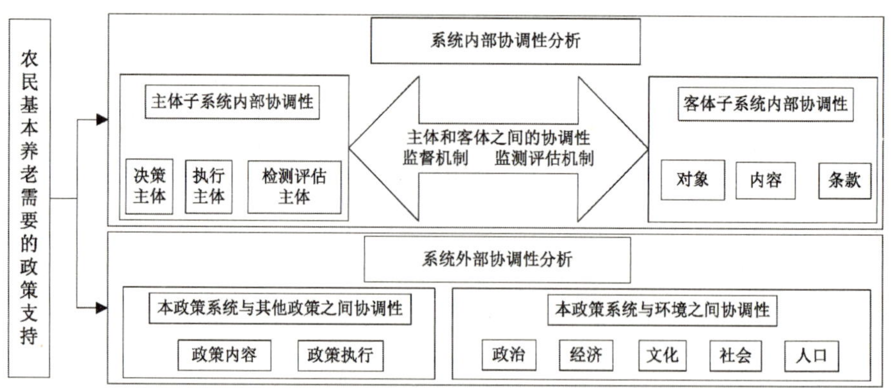

图 2－2 农民养老政策系统的协调性分析框架

文中研究所使用的公共政策系统协调性分析框架，也是以出生性别比偏高治理的公共政策分析（杨雪燕、李树茁，2008）为基础得来。

由上，从公共政策研究模型中的系统决策模型入手，借鉴其协调性研究框架，得出图 2－3 所示的互联网政策协调性分析框架图。

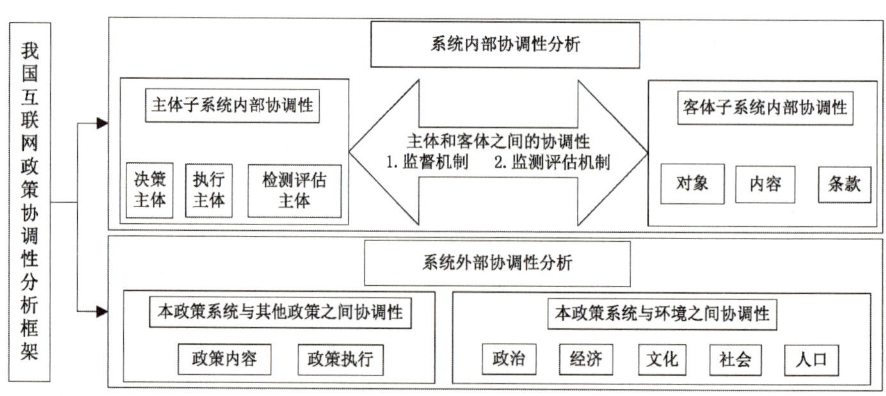

图 2－3 我国互联网政策系统的协调性分析框架

2.1.3 法律绩效评估研究综述

1）立法后评估制度国内外研究概况

英国立法后评估制度的探索开始于 20 世纪 80 年代中叶，它是随着英国政府改革运动，即从过去的政府管制到放松规制到现代英国的有效规制而形成与发展的。到 90 年代以后，英国政府通过一系列政府改革措施以及法案规范了英国的立法后评估制度，以 1998 年制定并于 2000 年修改的“良好规制原则”以及 2001 年 4 月 10 日开始生效的《规制改革方案》为英国立法后评估制度的成熟标志。

其评估指标为“3Es”标准，即经济性（Economy）、效率性（Efficiency）和效果性（Effectiveness）。

日本对立法后评估制度的探索起始于 20 世纪 90 年代中叶，它先从地方发展起来，然后由中央政府加以推广，最后在所有部门与行业实行立法后评估。

其评估指标：根据评估对象、目的、意义的不同，评估指标的设计也有差别，但基本围绕“法律政策的必要性、有效性、效率性以及实施状况”等来设计。

韩国的立法后评估制度，将制度评估的目标分为三大类型：政策本身质量评估、政策实施能力评估、公众满意度评估。每一种类型设置更具体的指标，根据这些具体指标，可以清晰了解评估的目标。

此外，美国、欧盟等也都建立了比较成熟的立法后评估制度，例如成本效益分析方法、设定期限性法律等①。

目前，立法后评估在我国仍处于探索研究阶段。对于这一领域的研究，《立法后评估制度研究》（李鸿飞，2008），以立法后评估制度在我国的引入为写作起点，在综合考察立法后评估制度国内外实践情况的基础上，重点研究立法后评估制度在我国的科学构建，具体包括评估原则、评估主体、评估对象、评估标准、评估程序等。《法律绩效的公民满意度评估研究》（周文生，2009）则对法律绩效的公民满意度评估作了比较系统的研究。从公民满意度评估基本理论着手，根据发达国家法律绩效的公民满意度评估的制度经验和我国法律绩效评估实践，探索了法律绩效的公民满意度评估的指标体系和具体的评估方法，最后提出了在我国建立法律绩效的公民满意度评估制度的构想。

---

① 李鸿飞.立法后评估制度研究[D].青岛：中国海洋大学，2008.

2）国外关于法律绩效的公民满意度评估

(1)美国法律绩效的公民满意度评估。

美国法律绩效评估最早可追溯到 1906 年纽约市政研究院的评估实践。总体上看，美国法律绩效评估由单一的经济上“效率追求”逐步转变为顾客(公民)满意和结果导向的综合绩效指标。尽管美国法律绩效评估实践很早，但在法律绩效评估中将公民满意度作为重要内容和指标，则起始于 20 世纪 90 年代的政府再造时期。

1993 年克林顿宣布成立由副总统戈尔领导的国家绩效评审委员会(NPA)，负责统筹推动联邦政府再造工作。同年，美国国会通过美国历史上第一部关于政府绩效改革的立法《政府绩效和结果法案》(*Government Performance and Results Act*，简称 GPRA)，它对绩效评估的程序、方法和测定都进行了明确的规定，大大推进了法律绩效评估制度的发展。同时，通过绩效评估结果的应用，促进了法律绩效的改进和完善。1993 年 9 月 NPA 提出了第一份报告：《从繁文缛节到结果导向：创造一个工作更好、花钱更少的政府》(*From Red Tape To Results*：*Creating A Government That works Better and Costs Less*)，即《戈尔报告》，提出了 384 项改革建议，有力地推动了法律绩效评估的实践运作。同时提出了政府再造的四项主要原则：简化规制；顾客至上；授权和结果导向原则；节俭效益。1994 年，美国国家绩效评论出版了《顾客至上：为美国人民服务的标准》。由此，美国法律绩效的公民满意度评估为改善政府部门与公民的关系、强化公民对政府的信任、提高法律绩效提供了具体措施[①]。

(2)英国法律绩效的公民满意度评估。

早在 1968 年英国就推行过绩效评估。20 世纪 70 年代以来，英国政府面临着严重的财政危机、管理危机、信任危机和合法性危机。为解决这些危机，1979 年撒切尔夫人上台后就开始了以市场化为导向，强调公共利益至上的行政改革。这场改革的主导理论企业家政府理论，主张向企业学习，将企

① 蔡立辉.西方国家政府绩效评估的理念及其启示[J].清华大学学报(哲学社会科学版)，2003(01).

业经营上重视成本、效益、质量、顾客满意等策略引入政府管理①。

从 20 世纪 70 年代末到 80 年代中后期，绩效评估的侧重点是经济和效率，追求的是投入产出比率的最大化。从 20 世纪 80 年代末开始，绩效评估的侧重点转向效益和公民(顾客)满意度。因此，英国法律绩效的公民满意度评估发端于 20 世纪 80 年代末开始的质量优位阶段，质量为本和公民满意日益成为英国行政改革和法律绩效评估的主题。英国政府绩效评估强调以公民为中心，以公民满意为尺度。公民是政府政策、法规和服务的最终承受者，对政府绩效也最有发言权，公民参与政府绩效评估也就成为绩效评估的基本原则和要求。

(3)韩国法律绩效的公民满意度评估。

20 世纪 80 年代后期，随着韩国经济规模的扩大和开放的逐渐深入，政府规制成为阻碍经济发展的重要因素。各种不合理的规制和审批制度日益引起了公民和私营部门的不满，政府面临着合法性危机，因此韩国政府发起了规制改革和绩效评估运动。

韩国的法律绩效评估大致可以分为三个阶段。第一阶段：法律绩效评估的萌芽阶段(1988—1993 年)。卢泰愚政权时期，开始意识到政府过度规制的危害性，于 1988 年将法律绩效评估纳入行政改革委员会的职责范围。1990 年 5 月，决定成立由国务总理任委员长的“行政规制缓和委员会”，负责政府规制缓和的审批制度改革工作。1991 年 9 月，为体现一般公民和企业界的需求，成立了由经济界、工商界和中小企业界代表以及大学学者组成的“行政规制缓和民间咨询委员会”。第二阶段：法律绩效评估的发展阶段(1993—1998 年)。金泳三政府将法律绩效评估作为最重要的政府改革和施政措施之一。1993 年制定了《关于完善企业活动规制的特别措施法》；1994 年制定的《关于行政规制与民愿事务的基本法》等，对各行业的规制加强审查与清理，同时对新制定的规章注意听取公众的意见以及加强规制影响的评估与分析，为法律绩效评估奠定了法律基础。同时还成立了法律绩效评估机构，其中有经济企划院下设的经济行政规制缓和委员会(1993 年)、总统

---

① 范柏乃.政府绩效评估理论与实务[M].北京：人民出版社，2005：92.

直属的行政刷新委员会(1993年)、商工资源省下设的企业活动规制审议委员会(1994年)、总务省下设的行政规制协议审议会(1994年)、国务总理所属的国民苦情处理委员会、总统秘书室领导的国家竞争力强化企划团、总统咨询机构的世界化推进委员会、总统秘书室领导的经济行政规制缓和点检团(1994年)。第三阶段:立法后评估的成熟阶段(1998年至今)。金大中政府组建以后,进一步加强政府绩效评估,推进政府规制改革,完善法律绩效评估制度。

另外,金大中政府改变了传统的绩效评估制度,发展了一种新的评估体制——制度评估。《韩国国家事务和协调规则》对制度评估的含义、内容、评估机构、评估指标、评估程序以及评估结果的运用作了全方位的规定,为立法后评估制度的可操作性打下了坚实的基础。

(4)日本法律绩效的公民满意度评估。

日本语境下的法律绩效评估,主要涉及日本的行政改革和(行政)政策评价。20世纪90年代,日本的地方自治体率先实施政策评价制度,其中开展得较早和突出的是三重县、静冈县和北海道。直到1997年日本中央政府才开展了政策评价。

20世纪90年代日本政府开展的行政改革和政策(行政)评价建立起了以公民为导向的社会,强调公民本位的理念,注重公民的态度、期望和满意度。日本政策评价的一个标准就是依据公民满意度来制订、修订实施或放弃政策。

3) 公民满意度模型

世界上许多国家都开发了运用于评价企业绩效和政府绩效的顾客满意度评估的相关测评模型,其中具有代表性的有瑞典的SCSB模型和美国的ACSI模型。瑞典于1989年在世界上最早建立了顾客满意度指数模型,该模型是在美国密歇根大学的福内尔教授等人的指导下开发的,模型共有五个结构变量,包括前导变量价值感知和顾客期望、顾客满意度以及结果变量顾客投诉和顾客忠诚度。具体见图2-4。

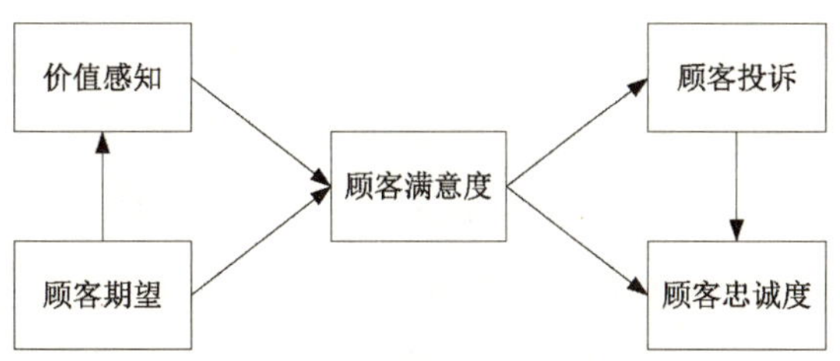

图 2－4　瑞典 SCSB 模式图示

美国顾客满意度指数模型(American Customer Satisfaction Index,简称 ACSI)是由设立在美国密歇根大学商学院的国家质量研究中心和美国质量协会共同发起研究并于 1994 年提出的,它是以瑞典顾客满意度模型为原型建立的,ACSI 中增加了一个变量即质量感知。其基本结构如图 2－5 所示。

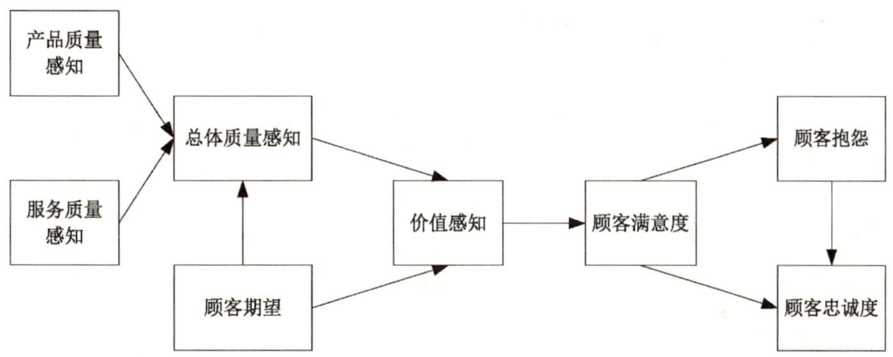

图 2－5　美国 ACSI 模式图示

4）法律绩效的公民满意度模型

由于顾客满意度模型同时运用于企业绩效和政府绩效评估中,我们也将其运用于法律绩效的公民满意度评估之中,但必须作出相应的修正才更契合法律绩效评估的理论与实践,如图 2－6 所示。

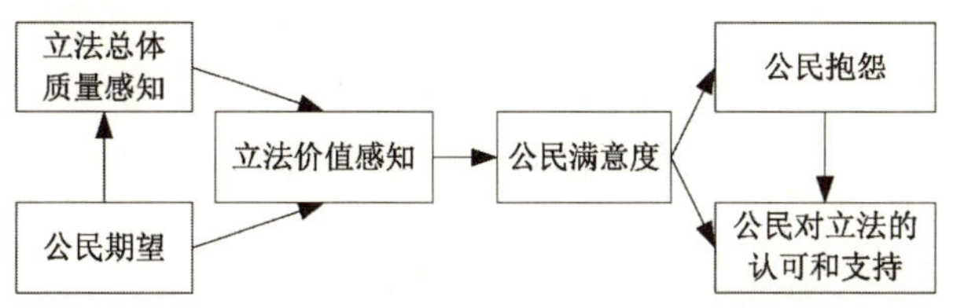

图 2－6　法律绩效的公民满意度评估模型(CCSI)[①]

① 周文生.法律绩效的公民满意度评估研究[D].济南:山东大学,2010.

2.1.4 理论综述小结

由上公共政策分析理论、公共政策协调性分析框架和法律绩效评估理论的总结和综述，本书的理论和方法论主线可概括如下：

由于公共政策分析理论的复杂性和研究内容的广义与狭义的区分，对于本书而言，把政策分析作较狭义的理解，将其限定在对具体互联网政策制定的研究上，主要以政策描述性分析为主，具体分析政策的内容和执行评估两个方面。

对于公共政策协调性分析框架，它强调政策体系整体结构最优、功能最强的合理布局。一个完整的政策系统由主体子系统、客体子系统和环境超系统组成，因此政策系统的协调性即是各个政策子系统内部及彼此之间的合理匹配关系。对于研究我国互联网较为松散的政策系统具有主要指导意义。

我国的法律政策等代表人民利益，注重公民的态度、期望和满意度是代表人民意志的根本体现。因此，通过对公众(包括各参与主体)对互联网相关政策以及实施情况和互联网治理现状的满意度调查来完成互联网治理的绩效评估部分，可以对其政策所代表的利益体现和价值实现做出直观的描述和分析。

总的来说，互联网政策涉及面广，包含因素多，尤其是涉及社会政治、经济、社会、技术以及文化等各个方面。无论是通过政策分析考量互联网政策的内容，还是经由实证研究进行互联网治理绩效评估，都可以对以上互联网治理中所涉及的各方面和各因素进行较为具体和明确的考察和检验。

同时，这两种针对互联网治理不同角度进行分析和研究的差异化的研究方法和途径，也将在内容和实效两个方面的相互对照和验证中对互联网外部治理过程中的不同要素、不同领域和不同作用力进行综合研判，符合本书互联网外部 PEST 治理这一总的目标主题和研究目的。

2.2 国内外互联网治理研究综述

John T. Delacourt 早在 1997 年就在 *Recent Development：The International Impact of Internet Regulation* 中提到，互联网的爆炸性增长与全球通信手

段的结合带来一个两难的国际社会。乐观主义者将其比喻为1800年的美国广袤西部。但同时一些令人反感的线上内容以及各种形式对互联网的滥用也使得互联网用户要求其政治代表采取某种形式的规管制度。美国、德国和中国等一些国家的政府已经实施限制回应。作者同时还指出，这些国家的监管制度难免会带来国际影响，并会误解互联网本身的性质。但同时值得庆幸的是这些制度也会因其是不适当的而成为无效的。

Yochai Benkler（2000）在 *Internet Regulation：A Case Study in the Problem of Unilateralism* 中对于互联网监管对于单边主义的理解提出了两个观点。首先，它表明如同约束公民的行为一样，存在着一个各种各样的编码机制来规范一国。特别是在网络环境下，技术和组织的参与使法律发挥这种作用。其次它表明，一方面，单方面的立法和统一的伦理之间的相互作用是一个并不完善的多边进程；另一方面，创建一个非商业或代表其他组织的体制环境通过规管制来最终体现其价值观。

Viktor Mayer-Schönberger（2002—2003）在 *The Shape of Governance：Analyzing the World of Internet Regulation* 中主要对互联网监管的法律问题进行了论述。文章认为互联网监管方面的法律（网络法律）已经成为一个蓬勃发展的领域，并由以前的法律外层边缘进入舞台中心。迎合着网络一代的新闻网站成为充满着法律曲折故事的网络空间。网络法律似乎不仅仅是现有法律规则在网络空间的应用，而是要对一个新的法律领域进行探讨和分析。

Antonio Segura-Serrano（2006）在 *Internet Regulation and the Role of International Law* 中提到，鉴于互联网的“虚拟性”，第一个有关互联网管理的重要法律是有关互联网的天然抗调控性。鉴于互联网的全球性，国际法可能会是一个更合适的对互联网相关各种问题进行调节的工具。文章主要在国际法当前和未来在这一领域的监管角色进行研究。

Henry H. Perritt，Jr.在 *The Internet is Changing the Public International Legal System* 中对互联网对国际司法系统的影响进行了讨论。他认为国际公法日益为国际私法提供了一个限制民事和刑事法庭的审判管辖权的框架。新的国际机构开始行使有限的准立法（制定规则）和准司法（裁判）权力。这些机构大多只允许正式的缔约国参加，同时也越来越允许私人参与并承认非政府组织在国际事务中地位日益增长的事实。而源自互联网的信息技术在三个方面加速了这一进程。首先，互联网有利于基于制度的跳跃的谈判，使得新的国际法律机制的有效和快速运作成为可能。第二，互联网改变了利益的平衡，塑造了政治动态，确定了国际法的内容。第三，互联网的全球性给传统的国际私法带来直接或间接的压力。

Jovan Kurbalija 在 *Internet Governance and International Law* 中，提到利用 WGIG 的多学科方法，从技术、政策、经济、体制和法律的观点解决互联网治理问题。虽然法律不考虑 WGIG 优先，但 WGIG 涵盖所有互联网治理问题包括重要的法律方面问题。WGIG 中法律问题讨论的重点是：法律问题本身，包括网络犯罪、知识产权、数据保护、隐私权以及消费者权益；解决互联网治理问题的法律机制，包括自我调节、国际条约和司法管辖权。

对于互联网的国际治理方面，陈英杰(2007)在《从 IGF 会议看国际互联网治理新进展》中介绍了随着互联网基础设施安全、垃圾邮件、内容管制、内容版权、互联网立法以及美国政府对 DNS 根区文件的单边控制等互联网治理问题日渐升温，2005 年联合国信息社会世界峰会(WSIS)第二阶段会议提出成立一个广泛参与、民主透明、没有约束力的论坛，命名为“互联网治理论坛(IGF)”。2006 年年底，IGF 第一次会议在希腊首都雅典成功召开，并就四个分议题，开放性(言论自由，信息、思想与知识的自由流通)、安全性(通过合作建立信任和信心)、多样性(促进使用多种语言和地方性内容)和准入性(接入互联网的政策和费用)进行讨论，而能力建设则作为一个优先议题贯穿于四个议题之中。

吴茜(2008)在《欧盟未来互联网将重塑经济模式》中提到，2008 年 5 月欧洲委员会信息社会与媒体总司发布了名为“未来的互联网”(The Future of the Internet)的报告，从“FutureNetworks”“Services Architectures”“Networked Media Systems”“Internet of Things”“Security”“Experimental Test Facilities”六个方面对未来互联网各个层面的问题进行了研究。欧盟明确表示，开放性、互操作性以及端到端原则是当今互联网的技术精髓，对全球网络体系结构的任何进一步的重新设计都需要遵从这些基本原则和特点。只有坚持这些基本原则，才可以在技术和政治领域建立良好的国际合作。同时指出，在设计未来互联网时，需要从效益、社会和心理影响、隐私和伦理问题等人权和社会因素出发，考虑未来互联网的社会接受度。

周煜(2009)在《技术逻辑之殇——论互联网治理之缘起》中通过回顾互联网的发展历程，分析了互联网发展初期单一的技术逻辑随着社会化的过程逐渐受到商业逻辑、社会逻辑和政治逻辑的挑战这一现象，理清了“互联网治理”概念的逻辑脉络，为后续研究打下了基础。

王东宾(2010)在述评麻省理工学院 2004 年出版的米尔顿·缪勒所著《控制根：互联网治理与网络空间的驯服》一书时指出，该书引用大量史料梳理了用美国国防部 APARnet 到 ICANN(互联网名称与数字地址分配机构)建立的史实和决策背景，描绘了互联网走向统一的过程，并从制度经济学的视角，解析了互联网治理问题的形成，以及新全球治理机制的特点和未来议题。尤其在互联网治理方面，米尔顿·缪勒关注知识产权在互联网根治理中的强烈渗透与互联网初始的资源理念相背离，从而被商业利益和政治利益俘获。

陈晓云(2010)则对于韩国的互联网治理总结和概括出以下特点：首先，通过设置独立的互联网管理机构为信息通信部长赋权，以及成立非法有害信息举报中心，有效地解决了互联网治理主体缺位的问题；其次，通过制定网站内容分级标准和完善法律法规体系，建立了政府与各部门之间的互联网协同治理机制；再次，通过实名制技术手段阻止有害信息传播，保护未成年人合法权益。

叶敏(2011)认为我国的互联网治理意在实行三重目标，包括积极发展互联网，推进现代化建设；依法保护社会公众互联网言论自由；互联网要成为传播社会主义先进文化的前沿阵地。在方式手段上已经形成了一整套比较完备的治理方法，包括法律规范、行政监管、行业自律、技术保障、公众监督、社会教育。从治理过程上说呈现出以下治理特征，即联合型治理、学习型治理、冲击回应型治理，以及疏堵结合型治理。

谢永江(2011)在《论我国互联网治理体制的完善》中认为我国现行互联网治理体制存在很多不足，应从以下几个方面完善：统筹规划互联网治理体制，建立高层级的领导和协调机构；明确各机构的职责分工，实现有效的多元统一监管；建立各监管机构之间、公私部门之间的信息共享机制和协调机制；改革教育体制，加强互联网治理专业人才的培养和培训；完善政府采购机制，鼓励开发互联网治理技术。

2.3 本章小结

综上对互联网治理的国内外文献综述和分析，可以看到从20世纪90年代中后期开始，互联网问题开始随着互联网的蓬勃发展而逐渐升温。通过上述文献材料，可以得出如下结论：

(1)国外对互联网的治理研究发端较早，从国际视角切入，具有宏观性的特点。其次，研究从国家之间关系进行考量，探讨互联网国际治理议题。再次，对于互联网治理，比较偏重于法律问题的讨论，大到从与国际公法、国际私法各自之间以及它们相互之间的冲突以及对立，小到对具体网络法律问题的关注，在研究的视野和问题的聚焦上都比较全面。

(2)国内对互联网的治理研究文献，有相当一部分是对国外互联网治理问题研究内容的介绍和引进；还有就是针对我国互联网治理存在的问题和不足，提出一些改革的目标、对策以及建议，比如内容的完善、体制的健全等等。

(3)在文献所反映出的学科背景方面，主要体现在经济学、政治学以及法学等学科，或者从技术发展的角度切入进行分析；在研究方法上，主要是以定性研究为主，较少定量研究。

结合我国互联网治理研究的现状和特点，本书将主要在以下几个方面进行探索和研究：

(1)对我国互联网政策进行文本分析，揭示该政策体系存在的问题。

回顾和梳理总结截至目前我国颁布的互联网政策的所有政策文本内容以及治理研究文献，通过文本分析，对我国互联网政策体系的协调性进行相关分析，总结互联网政策体系内容以及运行所凸显的一系列问题和困境。

在这一部分中，无论是对我国互联网政策内容的文本梳理和总结，还是对于这一政策体系的协调性实证研究都是这一领域目前的学术研究所欠缺的。

(2)根据政策分析结果,构建我国互联网治理的四维目标政策系统协同推进机制。本书将对互联网的治理问题突破单一视角,通过 PEST(政治、经济、社会和技术)治理模式探索互联网治理的多目标协同推进治理模式。

(3)通过社会调研,建立我国互联网治理的综合绩效评估机制。对于我国互联网政策的实施以及绩效问题,目前尚是研究空白。本书将引入法律绩效公民满意度模型,对我国互联网政策实施的公民社会满意度进行调查,从而对这一问题得出实证结果。

(4)探索建立我国互联网信息传播的 PEST 外部协同治理机制。

本书的目的在于解决互联网外部 PEST 治理问题,以公共政策分析理论为指导,运用文献内容分析法和社会调查法,对我国互联网政策的主要内容和实施情况进行调研,并对其运作绩效进行评估。从而完成对互联网 PEST 治理各个要素的调研和分析,最后意在构建我国互联网信息传播的 PEST 外部协同治理机制并对其发展和完善提出相应的策略建议。

第3章　我国互联网信息传播发展与治理现状

3.1　我国互联网信息产业的发展现状

3.1.1　我国互联网信息产业的发展现状

2016年8月3日中国互联网络信息中心(CNNIC)在北京发布的第38次《中国互联网络发展状况统计报告》显示，截至2016年6月，中国网民规模达7.10亿，互联网普及率达到51.7%，超过全球平均水平3.1个百分点。同时，移动互联网塑造的社会生活形态进一步加强。

近年来中国的信息产业尤其是移动通信产业获得迅猛发展，主要体现在以下方面：中国的电信市场全球最大，移动通信以每年5%～10%的速度扩张，3G业务已形成更为成熟的价值链。面对固话市场的下滑，政府积极推进宽带发展战略。其关键性进展如表3-1所示。

表3-1　中国电信市场的关键进展①

序号	内　容
1	持续强劲增长手机用户已接近13亿
2	截至2014年末移动用户的40%为3G用户
3	固定电话用户和收入持续下降
4	非语音收入占行业总收入的50%以上
5	欧盟与中国在电信设备进口上结束争端
6	工信部颁发移动虚拟网络运营执照

数据来源：China-Key Statistics，Telecom Market，Regulatory Overview and Forecasts

---

① China-Key Statistics，Telecom Market，Regulatory Overview and Forecasts [EB/OL].[2016-09-27].https://www.budde.com.au/Research/China-Key-Statistics-Telecom-Market-Regulatory-Overview-and-Forecasts.

中国互联网发展的主要指标数据中的中国互联网基础资源对比，如表 3－2所示。

表 3－2　中国互联网基础资源对比①

	2015 年 12 月	2016 年 6 月	半年增长量	半年增长率
IPv4(个)	336 519 680	337 608 448	1 088 768	0.3%
IPv6(块/32)	20 594	20 781	187	0.9%
域名(个)	31 020 514	36 984 009	5 963 495	19.2%
其中.CN 域名(个)	16 363 594	19 502 493	3 138 899	19.2%
网站(个)	4 229 293	4 542 406	313 113	7.4%
其中.CN 下网站(个)	2 130 791	2 124 416	－6 375	－0.3%
国际出口带宽(Mbps)	5 392 116	6 220 764	828 648	15.4%

数据来源：互联网基础资源，第 38 次中国互联网络发展状况统计报告

当前，我国互联网信息产业发展呈现以下趋势与特点。

(1)网民规模突破 7 亿，互联网普及率增长稳健。

截至 2016 年 6 月，我国网民规模达 7.10 亿，上半年新增网民 2 132 万人，增长率为 3.1%。我国互联网普及率达到 51.7%，与 2015 年底相比提高 1.3 个百分点，超过全球平均水平 3.1 个百分点，超过亚洲平均水平 8.1 个百分点。

(2)CN 域名仍是国内注册量排名第一的主流域名。

截至 2016 年 6 月，我国域名总数增至 3 698 万个。中国国家域名“.CN”注册量达到 1 950 万个(占中国域名总数的 52.7%)，半年增长率达到 19.2%，持续保持国内注册量最大的顶级域名。

(3)手机网民规模达 6.56 亿，手机上网主导地位强化。

截至 2016 年 6 月，我国手机网民规模达 6.56 亿，网民中使用手机上网的人群占比由 2015 年底的 90.1%提升至 92.5%，仅通过手机上网的网民占

① 第 38 次中国互联网络发展状况统计报告.互联网基础资源[EB/OL]. 北京：中国互联网络信息中心，2016[2016－09－27]. http://www.cnnic.net.cn/hlwfzyj/hlwxzbg/hlwtjbg/201608/P020160803367337470363.pdf.

比达到 24.5%，网民上网设备进一步向移动端集中。

(4)农村互联网普及率保持平稳，城乡差异依然较大。

农村互联网普及率保持稳定，截至 2016 年 6 月为 31.7%。但是，城镇地区互联网普及率超过农村地区 35.6 个百分点，城乡差距仍然较大。

(5)网上支付线下场景不断丰富，大众线上理财习惯逐步养成。

互联网金融类应用在 2016 年上半年保持增长态势，网上支付、互联网理财用户规模增长率分别为 9.3% 和 12.3%。平台化、场景化、智能化成为互联网理财发展新方向。

(6)在线教育、在线政务服务发展迅速，互联网带动公共服务行业发展。

2016 年上半年，各类互联网公共服务类应用均实现用户规模增长，在线教育、网上预约出租车、在线政务服务用户规模均突破 1 亿，多元化、移动化特征明显[①]。

3.1.2 与国际互联网发展比较

表 3-3 是世界范围内互联网使用和人口统计数据。

表 3-3 世界互联网的使用和人口统计数据(2016.6.30)[②]

世界各地区	人口(2016)	人口占世界百分比	互联网用户(2016.6.30)	普及率人口(%)	增长(2000—2016)	用户比例
非洲	1 185 529 578	16.2%	339 283 342	28.6%	7 415.6%	9.4%
亚洲	4 052 652 889	55.2%	1 792 163 654	44.2%	1 467.9%	49.6%
欧洲	832 073 224	11.3%	614 979 903	73.9%	485.2%	17.0%
拉丁美洲/加勒比海	626 054 392	8.5%	384 751 302	61.5%	2 029.4%	10.7%
中东	246 700 900	3.4%	132 589 765	53.7%	3 936.5%	3.7%
北美	359 492 293	4.9%	320 067 193	89.0%	196.1%	8.9%

① 第 38 次中国互联网络发展状况统计报告.互联网基础资源[EB/OL].北京：中国互联网络信息中心，2016[2016-09-27]. http://www.cnnic.net.cn/hlwfzyj/hlwxzbg/hlwtjbg/201608/P020160803367337470363.pdf.

② Internet world stats[EB/OL].[2016-09-29].http://www.internetworldstats.com/stats.htm.

（续表）

世界各地区	人口（2016）	人口占世界百分比	互联网用户（2016.6.30）	普及率人口（%）	增长（2000—2016）	用户比例
大洋洲/澳大利亚	37 590 704	0.5%	27 540 654	73.3%	261.4%	0.8%
世界总计	7 340 093 980	100.0%	3 611 375 813	49.2%	900.4%	100.0%

数据来源：Internet world stats

截至 2016 年 6 月 30 日，Internet world stats 的最新统计数据显示，亚洲人口为全球第一，亚洲互联网用户为 17.9 亿多，互联网用户普及率为 44.2%，在全球各大洲中仅高于非洲，位居倒数第二，是全球排名第一的北美地区 89.0%的一半，同时还低于世界 49.2%的总体水平。

表 3-4 是亚洲地区互联网使用和人口统计数据。

表 3-4　亚洲互联网的使用和人口统计数据（2016.6.30）①

国家（地区）	人口（2016）	互联网用户（2000 年）	互联网用户（2016.6.30）	普及率人口（%）	用户比例
阿富汗	33 332 025	1 000	4 005 414	12.0%	0.2%
亚美尼亚	3 051 250	30 000	2 126 716	69.7%	0.1%
阿塞拜疆	9 889 345	12 000	6 027 647	61.0%	0.3%
孟加拉国	162 855 651	100 000	53 941 000	33.1%	3.0%
不丹	750 125	500	289 177	38.6%	0.0%
文莱莱达鲁萨兰国	436 620	30 000	310 205	71.0%	0.0%
柬埔寨	15 957 223	6 000	4 100 000	25.7%	0.2%
中国 *	1 378 561 591	22 500 000	721 434 547	52.3%	40.3%
格鲁吉亚	4 928 052	20 000	2 411 370	48.9%	0.1%
中国香港	7 167 403	2 283 000	5 751 357	80.2%	0.3%
印度	1 266 883 598	5 000 000	462 124 989	36.5%	25.8%

① Internet world stats[EB/OL].[2016-09-27].http://www.internetworldstats.com/stats3.htm#asia.

（续表）

国家(地区)	人口 (2016)	互联网用户 (2000年)	互联网用户 (2016.6.30)	普及率 人口(%)	用户比例
印尼	258 316 051	2 000 000	88 000 000	34.1%	4.9%
日本	126 464 583	47 080 000	115 111 595	91.0%	6.4%
哈萨克斯坦	18 360 353	70 000	9 966 444	54.3%	0.6%
朝鲜	25 115 311	—	14 000	0.1%	0.0%
韩国	49 180 776	19 040 000	45 314 248	92.1%	2.5%
吉尔吉斯斯坦	5 727 553	51 600	2 076 220	36.2%	0.1%
老挝	7 019 073	6 000	1 400 000	19.9%	0.1%
中国澳门	597 425	60 000	433 752	72.6%	0.0%
马来西亚	30 949 962	3 700 000	21 090 777	68.1%	1.2%
马尔代夫	392 960	6 000	270 000	68.7%	0.0%
蒙古	3 031 330	30 000	1 500 000	49.5%	0.1%
缅甸	56 890 418	1 000	11 000 000	19.3%	0.6%
尼泊尔	32 111 345	50 000	6 400 000	19.9%	0.4%
巴基斯坦	192 758 348	133 900	34 342 400	17.8%	1.9%
菲律宾	102 624 209	2 000 000	54 000 000	52.6%	3.0%
新加坡	5 781 728	1 200 000	4 699 204	81.3%	0.3%
斯里兰卡	22 235 000	121 500	6 087 164	27.4%	0.3%
中国台湾	23 464 787	6 260 000	19 666 364	83.8%	1.1%
塔吉克斯坦	8 330 946	2 000	1 622 924	19.5%	0.1%
泰国	68 200 824	2 300 000	41 000 000	60.1%	2.3%
东帝汶	1 261 072	0	340 000	27.0%	0.0%
土库曼斯坦	5 291 317	2 000	789 151	14.9%	0.0%
乌兹别克斯坦	29 473 614	7 500	15 453 227	52.4%	0.9%
越南	95 261 021	200 000	49 063 762	51.5%	2.7%
总计	4 052 652 889	114 304 000	1 792 163 654	44.2%	100.0%

数据来源：Internet world stats

注：表中(＊)中国统计数字不包括香港特别行政区、澳门特别行政区和台湾地区的数字。

从以上数据可以看出，在亚洲的主要国家和地区中，互联网普及率达到90%以上的有两个国家，分别是韩国(92.1%)和日本(91.0%)。其中，中国大陆与中国港澳台地区的数据中，台湾地区普及率最高，为 83.8%；其次是香港，为 80.2%；澳门是 72.6%；中国大陆的数据为 52.3%，与港澳台地区相比仍有较大差距。

综上，在互联网基础设施和资源建设方面，我国距离世界乃至亚洲先进水平都有较大的差距。

3.2　我国互联网信息传播的发展趋势

3.2.1　互联网信息传播新特征

(1)“三广＋三跨”形成网络传播新环境。

所谓“三广＋三跨”，主要指广域的、广语的、广博的和跨区域、跨语种、跨行业[①]。互联网的发展使其成为一个没有边界，越来越去中心化的分散结构。它是自由的，也是开放的，更是在四通八达的网络中相互连结的。

因此，在互联网的信息传播过程中，它所产生的内容更加海量、多元和丰富，传播速度更加即时、迅捷。

(2)用户身份涵盖“传”“受”双方。

与以往传统大众传播以传播者为中心的单向线性的传播方式不同，如今在网络传播中，信息传播的开放和双向交互性使得任何组织和个人都能参与其中并进行传播活动。其中传播者和受传者不仅在地位上完全平等，而且在身份上可以进行即时转换。

因此，在排除了传统意义上单纯的“传播者”和“受传者”的区分之后，我们可以用“网络用户”这一个称呼来统称网络传播的参与者，而“智慧可以存在于传输者和接受者两端。”[②]

(3)社群化协作共建网络数字内容。

在网络化环境中，多元的传播主体突破以往的单一主体，网民的力量大

---

① web3.0[EB/OL].北京：百度百科，2012 [2012 - 02 - 24].http://baike.baidu.com/view/269113.htm.

② [美]尼葛洛庞帝.数字化生存 [M].海口：海南出版社，1997:31.

大增强，尤其是具有相同兴趣（或群体）的网民，呈现出“社群化”的特点。

在这种情况下，大量的网络内容是在众多网络用户共同参与的过程中，在互动、参与、体验和分享的情况下合作参与完成的。

又由于网络的虚拟性和匿名性，在这种社群集体创作的情况下，无疑会对传统的版权保护制度产生冲击。

(4)传播工具与发布平台合二为一。

技术的革新和互联网的不断发展使广大互联网用户在互动和分享中进行信息产品（更多体现为数字内容）的创造和传播。在这一过程中，信息传播和发布的平台是互相融合、合二为一的。

举例来说，无论是博客还是播客，从文字、图片信息到音频、视频信息，都是个人通过互联网来发布信息，并都借助于博客/播客的发布程序（通常为第三方提供的博客托管服务，也可以是独立的个人博客/播客网站）进行信息发布和管理。这一过程，已经很难将传播和发布这两种行为截然分开。而日益流行的微博、SNS 社区服务也更将信息发布、传播和跨平台数据交互和互动联结起来。

(5)传播形式突破单一呈现多元化。

与传统信息内容传播相比，网络数字内容的生产和传播，其形式更加多元和聚合。当所有的信息都可以用二进制数字进行表述时，信息的传播渠道和传播载体变得多元化，从文字、影音、动画到多媒体等等。

3.2.2 互联网信息传播新趋势

(1)社会化媒体盛行。

自 2008 年以来，SNS 社交在中国迅速崛起，发展迅猛。社交网络以其独特的传播方式和更强的用户黏度深入人们的生活并进而改变人们的生活，从而形成一种新的生活习惯。

这种新型的网络业务的发展速度惊人，它不仅实现着自己的飞速成长，同时改变着传统的网络媒体，使其在不同程度上引入社交网络的种种元素，出现整体繁荣发展之势。

(2)即时通讯、博客、微博和货币交易越来越多地使用互联网[①]。

在全媒体时代,不同形态和功能的传播渠道与互联网相互融合,形成具有复合性和立体化的新的传播模式和传播网络。

媒体日渐复杂,无论是传统的书籍、报纸、杂志、广播、电视还是互联网,现在也都可以链接在一起,通过移动互联网人们体验着新的生活方式和形成新的生活形态。

(3)信息传播更加智能便捷。

无论是人们对信息的获取、整合抑或有效利用,还是互联网用户对于意见的表达,话语权的重视和分享式的体验,新的互联网传播方式和创新形式带给人们更加便捷的服务和用户感受。从搜索引擎的发展、社会网络的风靡、电子商务的繁荣、e-learning、网络娱乐休闲方式的层出不穷等等,这种进步使互联网为人们提供更加周到的服务,并逐步简化着人们使用互联网的门槛和障碍,是网络化生存向更为广泛的人群和大众延伸。

3.3　我国互联网治理的 SWOT 分析

3.3.1　中国互联网发展的机会与威胁

当前,我国互联网正迈进一个重要的发展时期,既面临着众多机会,同时也将面对重重挑战。机遇与危机并存,如何权衡利弊并谋求发展是亟待解决的重大问题。

1) 机会

(1)中国经济高速增长的必然。

2015 年中国国内生产总值达到 67.7 万亿元,增长 6.9%,在世界主要经济体中位居前列。粮食产量实现"十二连增",居民消费价格涨幅保持较低水平。创新驱动发展战略持续推进,互联网与各行业加速融合,新兴产业快速增长。[②] 另根据国际货币基金组织(IMF)的统计数据,中国的国内生产总

① China-Telecoms, Mobile, Broadband and Forecasts[EB/OL].[2012 - 01 - 08]. www.budde.com.au/Research/China-Telecoms-Mobile-Broadband-and-Forecasts.html.

② 2016 政府工作报告[EB/OL].[2016 - 09 - 27].http://www.gov.cn/zhuanti/2016lh/zfgongzuobaogao/index.htm.

值在全球所占的份额将从 1991 年的 1.7%增长到 2014 年的 11%。这突出地表明，中国正在发生着巨大变化。这其中，电信（包括互联网产业）产业在经济繁荣和文化发展中将是一个十分重要的角色。

（2）中国向创新驱动转型的需要。

党的十八大报告提出要实施创新驱动发展战略，把科技创新作为提高社会生产力和综合国力的战略支撑，摆在国家发展全局的核心位置。

2015 年 3 月 13 日，中共中央、国务院颁布的《关于深化体制机制改革加快实施创新驱动发展战略的若干意见》明确提出：加快实施创新驱动发展战略，就是要使市场在资源配置中起决定性作用和更好地发挥政府作用，破除一切制约创新的思想障碍和制度藩篱，激发全社会创新活力和创造潜能，提升劳动、信息、知识、技术、管理、资本的效率和效益。坚持全面创新。把科技创新摆在国家发展全局的核心位置，统筹推进科技体制改革和经济社会领域改革。①

（3）中国发展成为数字媒体行业的先导。

中国电信市场是世界上最大的用户市场，并还在进一步转型之中。手机用户数量已超过固话连接成为主要的收入来源。中国还拥有世界上最大的宽带用户数量，大多数用户通过移动设备访问互联网。2016 年，中国政府宣布将投入更多的资金发展宽带网络，实施宽带网络计划。此举将促进中国电子商务巨头，如阿里巴巴、苏宁和京东等的进一步发展，并使其把注意力更多地投向中国广大的农村地区。中国的数字经济将继续增长。此外，由于中国的宏观经济持续增长和不断城市化的人口趋势，在线用户也将越来越富裕，越来越愿意上网消费。这一趋势在政府的鼓励下，将使国内经济增长从依赖基础设施建设和出口商品转向越来越大的国内消费市场②。

---

① 中共中央 国务院关于深化体制机制改革加快实施创新驱动发展战略的若干意见[EB/OL].[2016-09-27].http://www.gov.cn/gongbao/content/2015/content_2843767.htm.

② China-Telecoms, Mobile, Broadband and Digital Media-Statistics and Analyses [EB/OL].[2016-09-28].https://www.budde.com.au/Research/China-Telecoms-Mobile-Broadband-and-Digital-Media-Statistics-and-Analyses.

(4)"互联网＋"纳入国家行动计划。

2014 年 2 月 27 日，习近平主持召开中央网络安全和信息化领导小组第一次会议强调：总体布局统筹各方创新发展，努力把我国建设成为网络强国[①]。2015 年《政府工作报告》提出"互联网＋"的概念，要求制订"互联网＋"行动计划。2015 年 7 月，国务院《关于积极推进"互联网＋"行动的指导意见》明确提出要加快推动互联网与各领域深入融合和创新发展，充分发挥"互联网＋"对稳增长、促改革、调结构、惠民生、防风险的重要作用，积极推进"互联网＋"行动[②]。

2）威胁

(1)互联网非法经营的负面影响[③]。

互联网迅速发展的同时，也滋生出一系列的网络犯罪活动。尤其是一些犯罪分子利用互联网络从事非法经营活动，主要是网络传销和利用互联网进行虚假宣传、诈骗，从中获取不正当的利益和利润。与普通的非法经营罪相比，网络非法经营犯罪具有更大的欺骗性和隐蔽性，所造成的影响也更为恶劣，查处的难度也大大增加[④]。其具体形式包括网络传销、网络非法经营证券、网络非法经营电信业务以及与其他经济型犯罪的竞合。

由于网络非法经营犯罪私密与开放并存的特性，以及复杂性和危害大的特点，使其打击难度较大，因此必须运用综合治理手段来进行惩治。很多情况下需要信息监管部门、工商行政部门和公安部门等多部门进行联合监管，以应对这种跨区域、虚拟化、高技术等相结合的新型犯罪形式。针对这种新的形势，若不及时采取有效的立法、防范以及治理措施进行预防和解

① 中央网络安全和信息化领导小组第一次会议召开[EB/OL].[2016-09-27]. http://www.gov.cn/ldhd/2014-02/27/content_2625036.htm.

② 国务院关于积极推进"互联网＋"行动的指导意见[EB/OL].[2016-09-27]. http://www.gov.cn/zhengce/content/2015-07/04/content_10002.htm.

③ China-Telecoms，Mobile，Broadband and Forecasts[EB/OL].[2012-01-08]. www.budde.com.au/Research/China-Telecoms-Mobile-Broadband-and-Forecasts.html.

④ 蔡海宁，陈稚华.论网络犯罪的新形式——网络非法经营犯罪[EB/OL].[2012-02-12].http://www.gzlawyer.org/topic.php? action=news&channelID=7&topicID=21&newsID=10007088.

决，必会对互联网的基础建设产生不利影响①。

(2)互联网有害信息传播难以遏制。

如今，互联网以其强大的影响力和渗透力改变着人们的生活。它在给人快捷和便利的同时，网上大量不良和有害信息的传播也给人们带来极其严重的恶劣影响。无论是网上的淫秽色情信息，不良与垃圾信息，还是暴力与反动信息等等，这些负面内容污染网络环境，并可能由此引发违法犯罪行为。因此尽管互联网信息传播存在即时迅捷、海量难测以及复杂多样的特点，但是净化网络环境，打击和整治网络不良信息势在必行。

(3)运营商陷入"流量"困境。

随着移动互联网和4G的发展，流量红利阶段到来，并且开启了急速上升的势头。随着中国"互联网＋"国家战略的启动，流量红利对于运营商的重要性日益增强，然而习惯了在"人口红利"阶段躺着就能赚钱的运营商，在流量红利时代却显得有点力不从心②。

(4)移动互联网营利模式受到挑战。

流量为王，游戏、广告、电商是传统互联网时代最主要的三大核心盈利模式，但随着移动互联网时代用户时间碎片化、需求个性化、消费服务化的转变，无效流量增多，变现盈利成本升高，转化率越来越低，迫使以用户为核心的移动互联网商业盈利模式发生改变，针对用户的内容增值服务将成为继游戏、广告、电商之后的移动互联网新的主要盈利模式。③

(5)"互联网＋"环境下网络与信息安全威胁。

随着"互联网＋"的不断推进，人与人、人与物、人与服务、人与场景、物与物，无所不在的连接随时随地发生；不同的机构、行业、群体以及行为等都在互相关联。

---

① 蔡海宁，陈稚华.论网络犯罪的新形式——网络非法经营犯罪[EB/OL].[2012-02-12].http://www.gzlawyer.org/topic.php? action=news&channelID=7&topicID=21&newsID=10007088.

② "互联网＋"时代运营商应该这样卖流量？[EB/OL].[2016-09-2].http://www.techweb.com.cn/column/2015-05-26/2156790.shtml.

③ 探索移动互联网盈利模式[EB/OL].[2016-09-27].http://www.yoka.com/dna/media/topic-d481159.html.

"互联网+"时代，每个人都是数据的贡献者，在个人贡献信息的同时，信息泄露等安全问题也变得更加严峻，2011—2014 年，已确认被泄露的我国公民个人信息就多达 11.27 亿条，非法采集、窃取、贩卖和利用个人信息的黑色产业链不断"做大"，2014 年支付宝前员工非法贩卖超过 2G 的个人信息，以及携程网的"安全门"事件，都引起了广泛关注①。此外，针对我国境内网站的仿冒钓鱼站点成倍增长，境外攻击、控制事件不断增加，中国网站安全问题形势依然严峻②。

3.3.2 中国互联网发展的优势与劣势

1）优势

(1)中国数字经济发展的驱动。

2010 年中国的整个电信市场产值约为 140 亿美元，对国内生产总值的贡献大约是 3%，是亚太地区仅次于日本的第二大电信服务市场。预计其复合年均增长率为 8.8%，在 2009 年和 2014 年之间加速增长，在 2014 年达到 187 亿美元，超过日本而成为亚洲最大的电信市场。

(2)中国互联网用户与消费的大幅增长。

中国互联网络信息中心发布的《2015 年中国网络购物市场研究报告》显示，截至 2015 年 12 月，我国网络购物用户规模达 4.13 亿，同比增加 5 183 万，增长率达 14.3%，高于 6.1%的网民数量增长率。与此同时，我国手机网络购物用户规模达 3.40 亿，同比增长率为 43.9%，手机网络购物的使用比例由 42.4%提升至 54.8%。2015 年中国网络购物市场继续保持快速发展。当年度全国网络零售交易额达 3.88 万亿元，同比增长 33.3%。其中，B2C 交易额 2.02 万亿元，同比增长 53.7%。当年度中国网络购物市场交易总次数达 256 亿次，年度人均交易次数 62 次。③

(3)中国互联网基础设施的加速建设。

---

① "互联网+"环境下信息安全的挑战与机遇[EB/OL].[2016 - 09 - 27].http://theory.people.com.cn/n/2015/0708/c386965 - 27270986.html.

② 《中国互联网站发展状况及其安全报告(2015)》发布[EB/OL].[2016 - 09 - 28].http://www.cac.gov.cn/2015 - 03/20/c_1114714197.htm.

③ 2015 年中国网络购物市场研究报告[EB/OL].[2016 - 09 - 28].http://www.cnnic.cn/hlwfzyj/hlwxzbg/dzswbg/201606/t20160622_54248.htm.

中国将继续推进大量世界一流的电讯基础设施建设和投资。随着数据流量的增长，各大运营商都保持着通过海底和陆地电缆加快国内和国际连接的步伐。国家也通过空间计划，建立和部署通信卫星系统。

(4)中国互联网技术的推进作用。

中国在各级政府的大力支持下行走在技术发展的前沿。推行了包括云计算、智能电网的部署以及智能城市建设在内的一系列措施①。

2）劣势

(1)地区发展不均衡。

根据中国互联网络信息中心(CNNIC)发布的第38次《中国互联网络发展状况统计报告》，截至2016年6月，我国网民中农村网民占比26.9%，规模为1.91亿；城镇网民占比73.1%，规模为5.19亿，较2015年底增加2 571万人，增幅为5.2%。见图3-1。

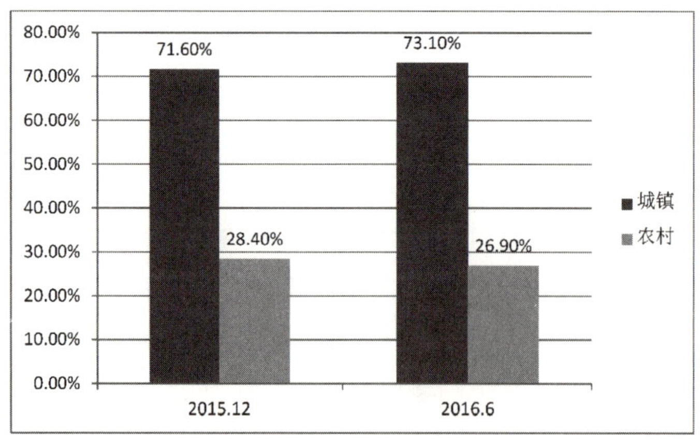

图3-1 中国网民城乡结构②

农村互联网普及率保持稳定，截至2016年6月，为31.7%。但是，城镇地区互联网普及率超过农村地区35.6个百分点，城乡差距仍然较大。对互联网知识的缺乏以及认知不足，导致的对互联网使用需求较弱，仍是造成农

---

① China-Telecoms, Mobile, Broadband and Forecasts[EB/OL].[2012-01-08]. www.budde.com.au/Research/China-Telecoms-Mobile-Broadband-and-Forecasts.html.

② 第38次中国互联网络发展状况统计报告[EB/OL].[2016-09-27].http://www.cnnic.cn/gywm/xwzx/rdxw/2016/201608/W020160803204144417902.pdf.

村非网民不上网的主要原因[①]。

(2)原创内容价值需得到充分认识和提升。

随着互联网的蓬勃发展,互联网文化的需求和发展也蕴含着巨大潜力。要充分认识原创内容的价值,互联网版权纠纷频现。除了做好版权保护工作以外,还需要在政策引导下鼓励和支持民间的、民族的优秀文化内容和产品的创作与研发,积极促成互联网文化的健康发展,拓展网络文化发展空间和条件[②]。

(3)尚缺乏规范有序的市场竞争秩序。

中国的互联网经过多年发展,尚未形成良性竞争的环境,一些占据强势地位的大企业为了谋取更高的商业利益而损害用户利益的行为时有发生。[③]

在行业发展上,对国外先进经验的照搬、简单复制和模仿的痕迹比较明显。没有自己的创意和新理念,缺乏创新精神和意识,只图一时的成功,对互联网产业的长远发展和潜力发掘较为不利。同时,为了一时的利益而不惜盲目扩张,但终因后劲不足和前期基础投入的欠缺而难以为继,在经历大起大落后迅速消亡。

(4)专业人才队伍的结构性匮乏。

互联网产业的创新、发展以及商业模式的不断推陈出新,使得对互联网的人才需求更强调多元和专业。

对行业自身来说,计算机和互联网行业本身对人才的需求主要有软硬件开发测评等工程师类、设计美工类、销售类、财务类、项目管理类等专业技术人员;对于互联网文化产业来说,则更加需要吸收文化创意人才。对这种文化创意人才的培养、发掘和管理工作便十分重要,将成为繁荣和发展互联网文化创意产业的战略任务。

另外,随着互联网企业在完善功能、强化用户体验和开发新产品中的投

---

① 第 38 次中国互联网络发展状况统计报告[EB/OL].[2016-09-27].http://www.cnnic.cn/gywm/xwzx/rdxw/2016/201608/W020160803204144417902.pdf.

② 2011—2012 年影响我国城市信息化行业发展的有利和不利因素[EB/OL].[2012-04-10].http://www.china-consulting.cn/news/2011-12-14/54.html.

③ 垄断不利于互联网发展[EB/OL].[2012-04-11].http://it.sohu.com/20101110/n277496851.shtml.

入不断加大，对于人才的需求也由单一层次向多元化转变。比如，既需要掌握互联网专业知识，又需要懂经营、广告、营销、设计、美学、法律以及管理等的复合型人才。融合多学科背景知识的多层次人才需求趋势将成为互联网人才需求的新格局。

(5)互联网治理的有效集中整合不足。

互联网的自由开放、即时互通、匿名虚拟以及无边跨界等特征，都给互联网的治理监管带来重重困难。无论是监管机构，还是监管方式，以及技术手段、法律规范和人才队伍建设等诸方面，都需要多方利益相关者的参与和协调。通过互联网自身运作，结合市场机制、法律法规、社会规范以及全社会各个层面的加入，在公权力与私权利和谐共赢的基础上，既满足社会公共利益又达到对互联网有效治理的目标。

第 4 章　我国互联网治理的四维目标政策系统协同推进模式

4.1　我国互联网传播治理四维总体目标政策协调性研究

由于互联网应用的扩展和日益普及，新问题、新情境不断涌现，使我国的互联网治理工作也变得更加复杂和重要。从政策角度而言，互联网政策在我国的互联网治理中起着规范性、权威性、导向性和宏观调控方面的巨大作用。通过对这一领域政策方面的研究和分析，将有助于深入解析互联网政策的演变进程，治理所要达到的目标，进而衍生出有针对性的建议。

政府发挥管理社会的职能和行为，其主要方式是通过公共政策来进行。公共政策在本质上即是对整个社会的利益进行权威分配。从 20 世纪 60 年代开始，美国政府机构就通过系统分析技术对各种社会公共政策问题进行了分析研究。公共政策研究由此发轫，并逐渐走向深入，成为一门应用性强、操作技术要求高的综合性学科。我国从 20 世纪 90 年代开展改革政策研究，并逐步将重心转入公共政策分析领域，加强对公共政策分析的研究。对于本书所进行的我国互联网政策研究，应属于专门的政策分析范畴。

对于公共政策内涵的界定，中外学者说法不一，其共同点有以下几个方面：①公共政策是政府有选择的管理行为。②公共政策体现了有明确方向的活动过程。③公共政策是政府对社会生活，按照统治阶级的意愿所作出的行为准则。[①]

美国学者戴维・伊斯顿从政治系统分析理论出发，认为过公共政策是政治系统权威性决定的输出。其突出了三个主要思想：①制定公共政策是

---

① 陈庆云.公共政策分析[M].北京：中国经济出版社，1996：3－4.

为了价值分配。②分配的范围是全社会。③分配的影响力是权威性的。[①]

对于这一观点，其他学者有不同的看法。如美国学者，著名经济学家罗尔斯认为，所谓社会是为获得共同利益组成的协同事业体，因而各社会成员在通过建立社会及其相互协作以增加利益这点上，具有互相一致的利害关系。至于社会总体所获得的利益，如何向每一个社会成员进行分配，却构成了人与人之间表现在利害关系上的相互对立的态势[②]。

从上述政策分析不同利益交织以及对立的角度出发，在我国互联网的传播治理问题中，本书将以政策分析为切入，如图 4－1 所示，通过政策的文本系统性分析，探究在市场经济条件下，互联网行业中包括政府在内的多元利益主体如何达到协调分配，并在综合利益中解析政治（P）、经济（E）、社会（S）和技术（T）四维系统中的互联网治理总体目标的实现情况。

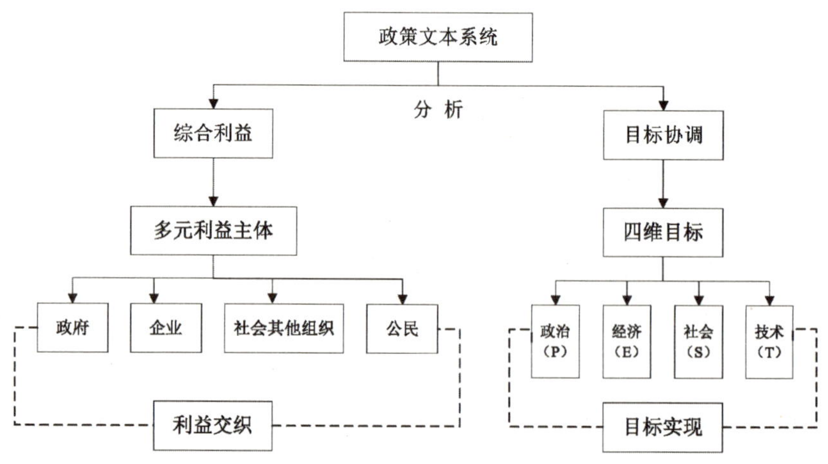

图 4－1　本书政策文本系统分析图示

---

① 陈庆云.公共政策分析[M].北京：中国经济出版社，1996：4.

② 陈庆云.公共政策分析[M].北京：中国经济出版社，1996：7.

4.2 我国互联网治理政策系统协调性模型的构建与实施

4.2.1 我国互联网政策系统协调性研究模型构建

对于我国互联网政策系统的研究，本书将主要以杨雪燕、李树茁在《出生性别比偏高治理中的公共政策失效原因分析》(2008)中分析社会性别公平理念和公共政策系统协调性中提出的公共政策协调性分析框架(见图 4-2)为基础，结合互联网政策的特殊性和互联网技术的时代性以及信息时代的社会新特点，提出符合本书的互联网政策协调性分析框架(见图 4-3)。

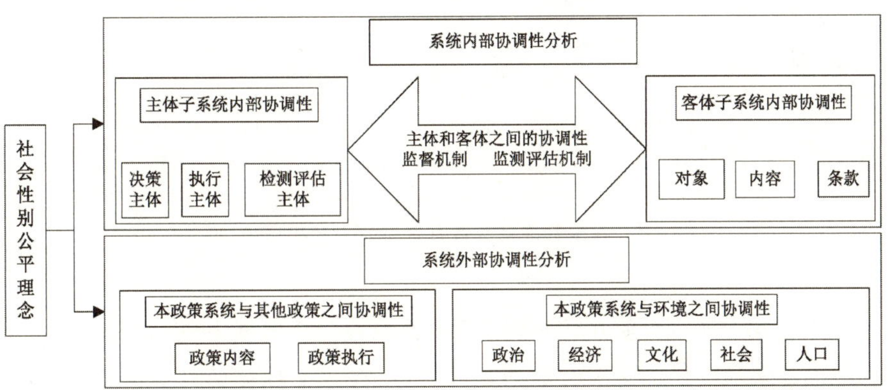

图 4-2 基于社会性别公平理念的公共政策系统协调性分析框架

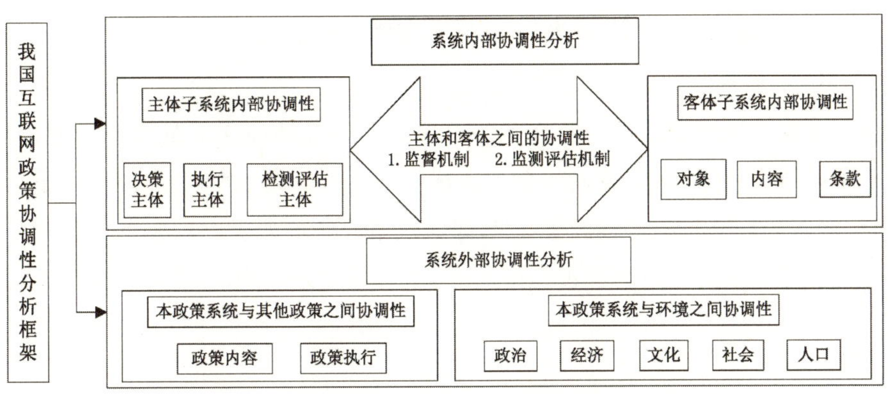

图 4-3 我国互联网政策系统的协调性分析框架

由于互联网环境下，技术的发展日新月异，在技术飞速变革的同时，必然会在政策上有所反映。无论是新旧政策更迭，还是技术对政策制定的推进，本书也想对这一方面进行探讨。因此，技术因素在本书中非常重要。同时，互联网的发展驱使新技术不断涌现、改进并投入新应用，这一特点在时间方面也应有相应的对照，并进而反映出政策的变化特征。所以，对于这两点分析要素，本书将对图4－3分析框架作进一步的延伸和扩展，即图4－4。

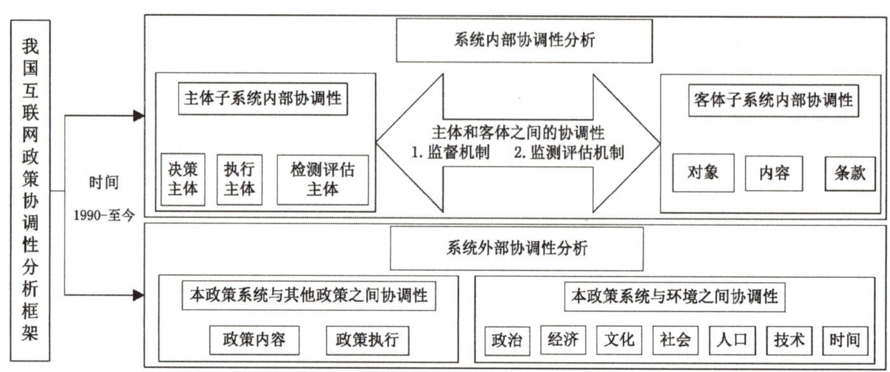

图4－4　我国互联网政策系统协调性分析框架(新)①

如图4－4所示，新互联网政策系统协调性分析框架中，将加入时间因素和技术因素的变量。对于时间因素的考量，在下文具体的分析中将由1990年至今以五年为一个时间段进行分析；对于技术因素则在政策系统与环境之间的协调性分析中考察。

4.2.2　我国互联网政策系统协调性研究方案设计

1）政策系统的协调性

系统协调性指的是一种合理的比例关系以及功能之间的合理匹配，一种整体结构最优、功能最强的合理布局。一个完整的政策系统由主体子系统、客体子系统和环境超系统组成，因此政策系统的协调性即是各个政策子系统内部及彼此之间的合理匹配关系，本政策系统与其他政策以及环境之

① 说明：图中的"至今"，指文章撰写过程中收集政策文本数据的截止时间，即2012年2月。

间的兼容关系[①]。

2）理论假设

H1:政策系统具有协调性。

政策系统协调性取决于其主体子系统内部协调性、客体子系统内部协调性、主体子系统与客体子系统之间的协调性以及本政策系统与其他政策系统之间的协调性、本政策系统与环境之间的协调性。

H2:政策主体子系统具有内部协调性。

主体子系统包括决策主体、执行主体以及监测评估主体[②]。

H3:政策客体子系统具有内部协调性。

客体子系统指的是公共政策发挥作用时所指向的对象,包括了政策所要改变的状态、政策直接作用的人与事、政策所要调节的公众利益三个层面的内容。

H4:政策主体与客体子系统之间具有协调性。

主体与客体之间的联系通常是靠执行中的监督机制以及效果评估中的监测评估机制实现的。因此,主体与客体之间的协调性取决于是否建立了完善的监督机制和监测评估机制,是否能够有效约束政策主体的行为,并确保政策客体的民意表达渠道畅通[③④]。

H5:本政策系统与其他政策系统之间具有协调性。

本政策系统仅指所有与政策问题相关的政策。本政策系统与其他政策之间的协调性取决于其他政策在内容和执行方面与本政策系统是否协调一致[⑤]。

H6:本政策系统与环境之间具有协调性。

---

① 杨雪燕,李树茁.公共政策系统协调性分析框架:设计与应用[Z].(未刊稿),2008.

② 陈庆云.公共政策分析[M].北京:中国经济出版社,1996.

③ 杨东峰,殷成志.国家层面规划与政策的监测评估[J].管理科学,2007,21(1):73-75.

④ 王宇颖.现阶段我国公共政策监督管理的问题及措施[J].理论前沿,2007:30-31.

⑤ 傅广苑.非线性视角中的公共政策执行过程[J].中国行政管理,2003(5):33-36.

环境指的是政治、经济、文化、社会、人口等宏观环境。本政策系统与环境之间的协调性取决于环境是否能够为本政策系统的目标实现提供必要的条件，即在政治、经济、社会、文化、人口等各个社会生活领域中体现性别平等①。

由于本书中互联网与技术依赖的特殊性，因此将环境因素中加入技术因素一项。

3）数据与方法

(1)研究对象。根据前述分析框架和理论假设，确定本书的对象为国家及政府部门出台的与互联网相关的各项政策，包括政策的内容以及执行情况等各方面。

(2)样本和数据。根据上述研究对象，采取了两个途径对数据进行收集。

在政策内容方面，通过“互联网”“电信”“网络传播”“信息化”等关键词以及与“管理”“规定”“(管理)条例”“管理办法”“自律”“公约”“实施意见”“通知”“电子签名法”等结合在国家政府网站以及各部委子网站的法规政策信息中检索到自1994年2月至2012年2月与互联网发展与治理直接相关的政策文本104篇。

需要说明的是，为了保证政策文件的权威性、规范性以及易获得性，本书所采纳的政策均来自中央、各部委以及被授权的专业性管理机构和国际组织等所颁布的法规或者政策，地方性政策法规不含在内。同时，为了使政策文本保持连贯性和延续性，以及体现政策演变的特点，本书将已失效(即被废止)的政策也包含其中，从而也使得本书中的整个政策文本具有完整性的特点。

此外，考虑到互联网发展速度、水平的不同以及管理机制和方式的差异，本书的政策文本也不包含港、澳、台地区的政策内容。

在政策执行方面，通过“互联网治理”“网络治理”(意同“互联网治理”，非公共管理中的网络治理理论概念)等关键词检索到自1994年至今的文献，筛除通知、文件、通讯、公报等文章以及介绍外国经验和国际案例等内容，同

① 龚虹波.执行结构转换下的权力互动[J].公共管理学报，2007，4(4)：106－128.

时合并同名但出自同一文本资料的文献后，选出互联网治理研究的相关政策分析文献共 24 篇。文献的选取条件以及范围同上。

(3)变量抽取与编码。根据研究对象和假设，本书进行了变量抽取，设定了三级类目用于分析，并针对每一个最底层类目给定了编码(见表 4－1)。

表 4－1　我国互联网政策系统协调性研究的类目系统及编码

一级类目	二级类目	三级类目	编码说明
政策主体子系统	决策主体	参与层次	六分类数据： 全国人大(及其常委会)、国务院为 1，单一部门为 2，两个以上部门联合为 3，相关社会组织为 4，国际层次为 5，不明确为 6
		互联网利益团体及公民社会参与程度	二分类数据： 不参与为 0，参与为 1
	执行主体	参与层次	六分类数据： 全国人大(及其常委会)、国务院为 1，单一部门为 2，两个以上部门联合为 3，相关社会组织为 4，国际层次为 5，不明确为 6
		互联网利益团体及公民社会参与程度	二分类数据： 不参与为 0，参与为 1
	监测评估主体	参与层次	六分类数据： 全国人大(及其常委会)、国务院为 1，单一部门为 2，两个以上部门联合为 3，相关社会组织为 4，国际层次为 5，不明确为 6
		互联网利益团体及公民社会参与程度	二分类数据： 不参与为 0，参与为 1

（续表）

一级类目	二级类目	三级类目	编码说明
政策客体子系统	执行对象		五分类数据： 互联网企业与相关组织为 1,用户（个人、法人和其他组织此处统称用户）为 2,互联网相关管理机构为 3,电信产业相关为 4,金融机构为 5
	政策内容		二分类数据： 不存在缺位为 0,存在缺位为 1
	政策条款		二分类数据： 缺乏可操作性为 0,具备可操作性为 1
政策主体与客体子系统之间	监督机制	参与层次	六分类数据： 全国人大（及其常委会）、国务院为 1,单一部门为 2,两个以上部门联合为 3,相关社会组织为 4,国际层次为 5,不明确为 6,公民、法人和其他组织为 7
		互联网利益团体及公民社会参与程度	二分类数据： 不参与为 0,参与为 1
	监测评估机制		三分类数据： 无为 0,不完整为 1,完整为 2
本政策系统与其他政策	内容		二分类数据： 不存在冲突为 0,存在冲突为 1
	执行		二分类数据： 不存在冲突为 0,存在冲突为 1

（续表）

一级类目	二级类目	三级类目	编码说明
本政策系统与环境	政治		二分类数据： 不存在冲突为 0，存在冲突为 1
	经济		二分类数据： 不存在冲突为 0，存在冲突为 1
	文化		二分类数据： 不存在冲突为 0，存在冲突为 1
	社会		二分类数据： 不存在冲突为 0，存在冲突为 1
	人口		二分类数据： 不存在冲突为 0，存在冲突为 1
	技术		二分类数据： 不存在冲突为 0，存在冲突为 1
	时间		五分类数据： 1991—1995 年为 1，1996—2000 年为 2，2001—2005 年为 3，2006—2010 年为 4，2011—至今为 5

4.3　基于政策文本的我国互联网政策系统的协调性分析

4.3.1　我国互联网政策纵向时间线特点概述

我国互联网的政策制定与产业发展有比较一致的对应性，如表 4 - 2 对从 1991 年至 2011 年 1 月的政策文本年份的统计数据显示，相对于 1991—1995 年这五年间，1996 年开始的文本政策开始明显上升，由之前的 1%增长到了 1996—2000 年五年间的 24%。需要指出的是，这是一个从无到有的过程，因此增长幅度大可以理解。

另外，2001—2005 年保持持续增长为 28.8%，2006—2010 年数据为 39.4%，显示了较之前 10 年更高的增长比。这也与互联网在 21 世纪以来得到飞速发展有关，而数据的不断增大也显示了互联网发展的迅猛。

表4-2 我国互联网政策的纵向时间线特点

		百分比(%)	有效百分比(%)	累积百分比(%)
有效	1991—1995年	1.0	1.0	1.0
	1996—2000年	24.0	24.0	25.0
	2001—2005年	28.8	28.8	53.8
	2006—2010年	39.4	39.4	93.3
	2011—至今	6.7	6.7	100.0
	合计	100.0	100.0	

因此，总的来看，可以说互联网政策发展与互联网产业发展具有一致性，政策随着产业的进步而进步，这是值得肯定的方面。但同时，从中也反映出一个重要的问题，那就是政策的制定与互联网发展现状具有同步性，但是政策本身却缺乏预见性。而预见性和稳定性是法律法规所应具备的非常重要的特性之一。互联网政策文本能够做到与时俱进地顺应网络发展趋势，但是从长远看，需要加大对互联网长期发展的有远见和预见性的政策内容考量。

4.3.2 我国互联网政策内部协调性分析

1）政策主体子系统

关于互联网政策主体这一子系统，下面从诸因素逐点进行具体分析。

在决策主体方面，我国互联网政策的参与主体是非常广泛的，包括党和国家诸多权力和行政机关等，主要有全国人大及其常委会，以及(此处涉及某些国务院组成部门的改革和演变，考虑到研究问题的全面性和以发展的眼光看问题，下面将其全部列出)邮电部、电子工业部、国家广播电影电视总局、教育部、信息产业部、国务院新闻办公室、卫生部、公安部、文化部、国家工商行政管理局、中国人民银行、最高人民法院、国家发展计划委员会、新闻出版总署、国家发展和改革委员会、司法部、全国普法办、商务部、中央机构编制委员会办公室、最高人民检察院、工业和信息化部、国家测绘局、证监会、保监会等，还有其他如中国互联网络信息中心、中国国际经济贸易仲裁委员会等机构的参与。另外,还有互联网名称与数字地址分配机构以及知识产权组织等国际组织。

因此可以说,互联网是关系国际与国内,涉及国家以及社会大众工作、学习以及生活等方方面面的重要领域。对于互联网的管理和规制有国家权力机关、行政机关、社会组织和国际组织的参与,一方面体现了治理的重要性和紧迫性,同时也反映出该问题的复杂性。这一问题不是靠单一部门或者机构可以解决的,因此在单一部门进行管制的同时也出现了多部门合作使出的“组合拳”。

如表 4-3 所示,在决策主体的参与层次上,全国人大及其常委会和国务院所占的比重是 18.3%,单一部门的参与是 66.3%,两个以上部门是 8.7%。其中,可以看到位于法律序列顶层的全国人大及其常委会和国务院所占比例尚不足 20%,这说明我国的互联网政策法律层级不高。

表 4-3　我国互联网政策决策主体分析

		百分比(%)	有效百分比(%)	累积百分比(%)
有效	全国人大(及其常委会)、国务院	18.3	18.3	18.3
	单一部门	66.3	66.3	84.6
	两个以上部门联合	8.7	8.7	93.3
	相关社会组织	3.8	3.8	97.1
	国际层次	2.9	2.9	100.0
	合计	100.0	100.0	

另外,单一部门参与程度较高为 66.3%。但这一数字本身具有一定的迷惑性,不能反映实际情况,需要与其他数据一起进行分析。因此,将该数据域与①前文政策出处的政府部门数量(多达 20 余个)以及②两个以上部门联合的百分比数据是 8.7%这两者结合起来进行分析,可以得出的结论是:单一部门的参与度是高的,但是这个单一部门是分散并且多元的。可见,互联网问题实际是被置于多个不同部门的监管下,无论是什么问题,只要涉及相关部门,那么该部门就会出台政策进行规范。这种情况可以使得当前发生的问题得到有效解决,但是从全面和长期的角度看,它分散了政府的监管

注意力，加大了执法成本，并且难以从全局和长远方面解决互联网治理的根本问题。

在决策主体中，表 4-4 可以看出互联网利益群体以及公民社会参与的明显缺失。

表 4-4 政策主体子系统之决策主体中互联网利益团体及公民社会参与程度

		频率	百分比(%)	有效百分比(%)	累积百分比(%)
有效	不参与	102	98.1	98.1	98.1
	参与	2	1.9	1.9	100.0
	合计	104	100.0	100.0	

在决策主体的执行主体中，如表 4-5 所示，以单一部门和两个以上部门联合执行为主，分别是 49.0% 和 43.3%，其中尤以单一部门为执行主体占多数。

表 4-5 政策主体子系统之执行主体参与层次

		频率	百分比(%)	有效百分比(%)	累积百分比(%)
有效	全国人大(及其常委会)、国务院	1	1.0	1.0	1.0
	单一部门	51	49.0	49.0	50.0
	两个以上部门联合	45	43.3	43.3	93.3
	相关社会组织	4	3.8	3.8	97.1
	国际层次	3	2.9	2.9	100.0
	合计	104	100.0	100.0	

在执行主体的参与方面，如表 4-6 所示，互联网利益团体及公民社会参与程度也非常低，百分比数据不足 3%。

表 4-6 政策主体子系统之执行主体中互联网利益团体及公民社会参与程度

		频率	百分比(%)	有效百分比(%)	累积百分比(%)
有效	不参与	101	97.1	97.1	97.1
	参与	3	2.9	2.9	100.0
	合计	104	100.0	100.0	

在政策主体系统中，如表4－7所示，监测评估主体反映出来的问题是，未明确监测主体的占绝大多数，为82.7%。这说明在我国互联网决策方面，有政策，有执行，但是监测、评估缺位严重。即对于政策制定者本身缺乏体系内的监测评估内容。

表4－7 政策主体子系统之监测评估主体参与层次

		频率	百分比(%)	有效百分比(%)	累积百分比(%)
有效	单一部门	10	9.6	9.6	9.6
	两个以上部门联合	4	3.8	3.8	13.5
	相关社会组织	1	1.0	1.0	14.4
	国际层次	3	2.9	2.9	17.3
	不明确	86	82.7	82.7	100.0
	合计	104	100.0	100.0	

更进一步，在这一本来监测评估就严重缺乏的情况下，互联网利于群体和公民的参与就更加微乎其微，数据只有1%，见表4－8。

表4－8 政策主体子系统之监测评估主体中互联网利益团体及公民社会参与

		频率	百分比(%)	有效百分比(%)	累积百分比(%)
有效	不参与	103	99.0	99.0	99.0
	参与	1	1.0	1.0	100.0
	合计	104	100.0	100.0	

以上对互联网政策主体子系统的分析，可用图4－5表示。

因此，对于政策主体子系统内部协调性问题假设，可以得出：政策主体子系统内部协调性假设是不成立的，即，政策主体子系统协调性尚待完善。

2）政策客体子系统

在政策执行对象方面，见表4－9，政策指向互联网用户的为41.3%，其次是互联网企业及相关组织为30.8%，其他包括电信产业为14.4%，互联网相关管理机构为7.7%，金融机构为5.8%。由此可以看出，政策以规范网络用户和互联网企业等的行为为主，包括电信产业。同时指导互联网相关管

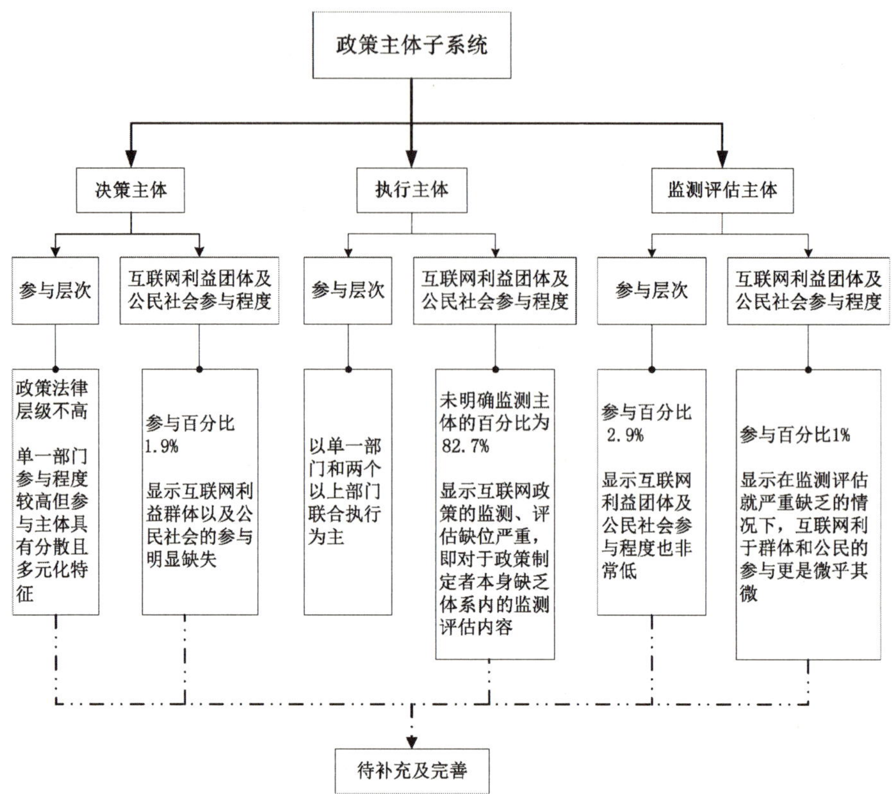

图4－5 我国互联网政策主体子系统内部协调性图示

理机构以及金融机构。这其中还反映出了互联网产业与电信产业的密切关系，以及金融业涉“网”的趋势。

表4－9 政策客体子系统之执行对象

		频率	百分比(%)	有效百分比(%)	累积百分比(%)
有效	互联网企业与相关组织	32	30.8	30.8	30.8
	用户(个人、法人和其他组织此处统称用户)	43	41.3	41.3	72.1
	互联网相关管理机构	8	7.7	7.7	79.8
	电信产业	15	14.4	14.4	94.2
	金融机构	6	5.8	5.8	100.0
	合计	104	100.0	100.0	

在政策内容方面，因为各政策本身都有其内容范围和相关条款，因此不存在缺位现象。在政策条款是否具备可操作性方面，基本也都具备可操作性，不存在无法操作的现象。

以上对我国互联网政策客体子系统的分析，可用图 4－6 表示。

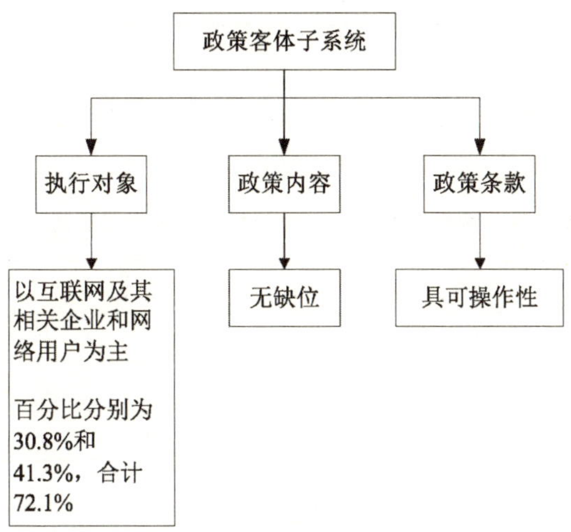

图 4－6　我国互联网政策客体子系统内部协调性图示

由图 4－6，对于政策客体子系统内部协调性假设，可以得出：政策客体子系统内部协调性假设是成立的，即，政策客体子系统具有协调性。

3）政策主体子系统与客体子系统之间

在政策主、客体子系统之间的监督机制参与层次方面，见表 4－10，突出表现的问题是未明确监督机制的占大多数，为 69.2%。这说明在政策制定者与被规范者之间也缺乏相应健全的监督机制。两个以上部门联合监督的占 14.4%；其次为单一部门监督，为 10.6%。

表 4－10　政策主体与客体子系统间之监督机制参与层次

		频率	百分比(%)	有效百分比(%)	累积百分比(%)
有效	单一部门	11	10.6	10.6	10.6
	两个以上部门联合	15	14.4	14.4	25.0
	相关社会组织	1	1.0	1.0	26.0

(续表)

		频率	百分比(%)	有效百分比(%)	累积百分比(%)
有效	国际层次	3	2.9	2.9	28.8
	不明确	72	69.2	69.2	98.1
	公民、法人和其他组织	2	1.9	1.9	100.0
	合计	104	100.0	100.0	

对于该子系统内监督机制的互联网利益团体及公民参与情况，见表4-11，数据显示也不乐观，其参与比例只有9.6%，尚不足十分之一。

表4-11 政策主体与客体子系统间之监督机制互联网利益团体及公民参与程度

		频率	百分比(%)	有效百分比(%)	累积百分比(%)
有效	不参与	94	90.4	90.4	90.4
	参与	10	9.6	9.6	100.0
	合计	104	100.0	100.0	

在政策主体与客体子系统之间的监测评估方面，见表4-12，监测机制的缺失仍然是突出的问题。没有监测评估机制的比例占到80.8%，还有2.9%的监测评估机制不健全。相对完善的为16.3%，仍不到20%。

表4-12 政策主体与客体子系统间之监测评估机制

		频率	百分比(%)	有效百分比(%)	累积百分比(%)
有效	无	84	80.8	80.8	80.8
	不完整	3	2.9	2.9	83.7
	完整	17	16.3	16.3	100.0
	合计	104	100.0	100.0	

以上对互联网政策主体子系统与客体子系统之间的分析，可用图4-7表示。

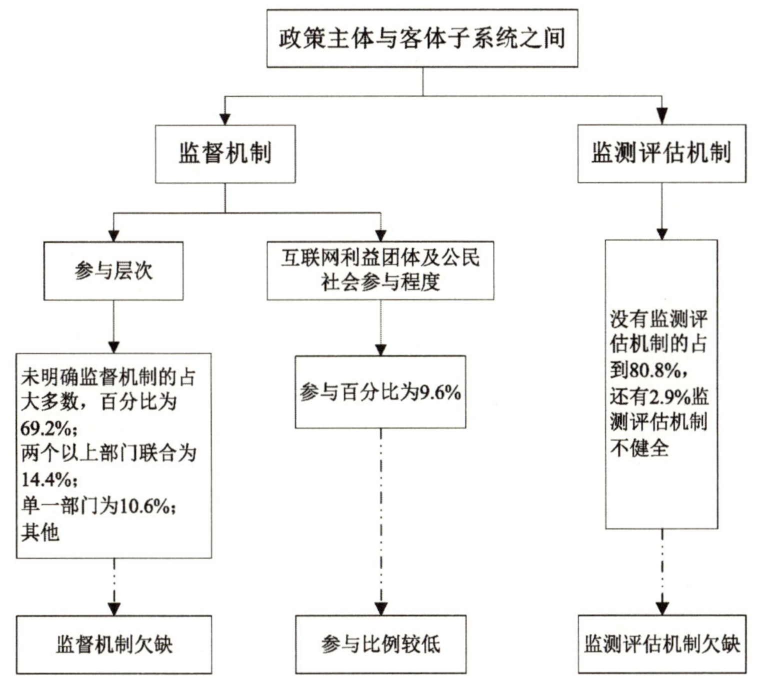

图 4－7　我国互联网政策主体与客体子系统之间的协调性

由此，对于政策主体与客体子系统之间的协调性假设，可以得出：政策主体与客体子系统之间的协调性假设是不成立的，即，政策主体与客体子系统之间的协调性尚待完善。

4.3.3　我国互联网政策外部协调性分析

1）本政策系统与其他政策系统之间

在互联网政策系统与其他政策之间，其协调性问题主要取决于其他政策在内容和执行方面与本政策系统是否协调一致。

由于从内容和执行情况进行考察在实际操作中难以实现，在本书中主要通过对与互联网政策研究的文献内容分析得出结果。在与本书内容相关的文献资料中，有从中国知网搜集到的文献 19 篇。在这部分文献中，本书概括出互联网政策系统与其他政策之间在内容和执行方面的冲突与否情况，具体统计结果如表 4－13 和表 4－14 所示。总的来说，在互联网政策系统与其他政策系统的关系上，在内容和执行方面，接近四分之三不存在冲突。由于样本数较少，再加上涉及互联网政策与其他政策关系的相关研究不多，以及在统计过程中不可避免存在一定倾向性，因此该结论部分可以视为一个大致的情况以作参考。

表4-13 本政策系统与其他政策间之内容

		频率	百分比(%)	有效百分比(%)	累积百分比(%)
有效	不存在冲突	14	73.7	73.7	73.7
	存在冲突	5	26.3	26.3	100.0
	合计	19	100.0	100.0	

表4-14 本政策系统与其他政策间之执行

		频率	百分比(%)	有效百分比(%)	累积百分比(%)
有效	不存在冲突	14	73.7	73.7	73.7
	存在冲突	5	26.3	26.3	100.0
	合计	19	100.0	100.0	

2）本政策系统与环境之间的协调性

关于互联网政策系统与环境之间的协调性问题，主要考察政治、经济、社会、文化以及人口因素等方面。由于本部分内容在政策文本内容中无法直接体现，本书主要采用问卷调查法在实证研究中加以说明。

其中，主要考察互联网用户对于政策在社会各方面（包括政治、经济、社会、文化以及个人等）的期望和互联网政策（包括政治、经济、文化、技术等）的实际效果感知来进行测量。需要特别指出的是，本节所采用的调查研究部分是下章第五章中互联网政策绩效分析调研的一小部分内容，因此在调研设计和实施等方面在此处不做过多介绍，这一内容将在下章进行完整说明。

在本节研究中，首先从对互联网政策在社会发展方面的期望，考察被访者对于互联网政策在社会、经济、产业和文化发展规律方面的符合情况。

其中，在这个四方面中，持否定态度的分别占44.6%、47.5%、49.0%和49.5%，基本介于45%～50%之间，具有较高的一致性；不确定的占34.2%、34.2%、34.7%和32.2%，基本介于32%～35%之间。说明有近80%的人对互联网政策在社会、经济、产业和文化发展的方面不是持肯定态度。尤其有接近50%的人持否定态度。具体数据详见表 4－15、表 4－16、表 4－17 和表 4－18。

表 4－15　我国的互联网政策符合社会发展规律

		频率	百分比(%)	有效百分比(%)	累积百分比(%)
有效	非常不同意	29	14.4	14.4	14.4
	不同意	61	30.2	30.2	44.6
	无所谓(不确定)	69	34.2	34.2	78.7
	同意	38	18.8	18.8	97.5
	非常同意	5	2.5	2.5	100.0
	合计	202	100.0	100.0	

表 4－16　我国的互联网政策符合经济发展规律

		频率	百分比(%)	有效百分比(%)	累积百分比(%)
有效	非常不同意	23	11.4	11.4	11.4
	不同意	73	36.1	36.1	47.5
	无所谓(不确定)	69	34.2	34.2	81.7
	同意	33	16.3	16.3	98.0
	非常同意	4	2.0	2.0	100.0
	合计	202	100.0	100.0	

表 4－17　我国的互联网政策符合产业发展规律

		频率	百分比(%)	有效百分比(%)	累积百分比(%)
有效	非常不同意	25	12.4	12.4	12.4
	不同意	74	36.6	36.6	49.0
	无所谓(不确定)	70	34.7	34.7	83.7
	同意	29	14.4	14.4	98.0
	非常同意	4	2.0	2.0	100.0
	合计	202	100.0	100.0	

表4-18 我国的互联网政策符合文化发展规律

		频率	百分比(%)	有效百分比(%)	累积百分比(%)
有效	非常不同意	24	11.9	11.9	11.9
	不同意	76	37.6	37.6	49.5
	无所谓(不确定)	65	32.2	32.2	81.7
	同意	32	15.8	15.8	97.5
	非常同意	5	2.5	2.5	100.0
	合计	202	100.0	100.0	

另外,在个人发展方面,56.9%的被访者持否定态度,27.2%不确定。15.9%持肯定态度,不足五分之一。数据见表4-19。

表4-19 我国的互联网政策符合个人发展需求

		频率	百分比(%)	有效百分比(%)	累积百分比(%)
有效	非常不同意	28	13.9	13.9	13.9
	不同意	87	43.1	43.1	56.9
	无所谓(不确定)	55	27.2	27.2	84.2
	同意	27	13.4	13.4	97.5
	非常同意	5	2.5	2.5	100.0
	合计	202	100.0	100.0	

以上对互联网政策在社会发展方面的期望上的调查研究,可用图4-8表示。

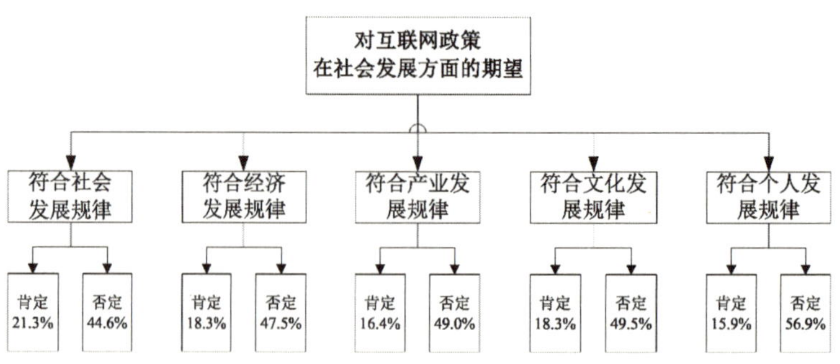

图4-8 互联网用户对互联网政策在社会发展方面的期望

总的来说，互联网用户对于政策在社会各方面(包括政治、经济、社会、文化以及个人等)的期望，除了在社会发展方面持肯定态度者超过 20%以外，其余均不足五分之一。而持否定态度者基本在 45%以上。尤其是个人发展方面，持肯定态度者百分比最低，为 15.9%；持否定态度者百分比最高，为 56.9%。

其次，在对互联网政策效果的感知中分类讨论其在政治、经济、文化和技术方面的表现。

在政治方面，有 45.0%的被访者对于配套的法律法规完善持否定态度，48.0%的被访者对政府宏观管理效率高持否定态度。另外，在这两方面持肯定态度的分别为 29.7%和 24.8%，不确定的分别为 25.2%和 27.2%。可见，在政治因素中有近一半的被访者不满意，满意率不足 30%。数据见表 4-20 和表 4-21。

表 4-20　我国互联网政策配套的法律法规完善

		频率	百分比(%)	有效百分比(%)	累积百分比(%)
有效	非常不同意	30	14.9	14.9	14.9
	不同意	61	30.2	30.2	45.0
	无所谓(不确定)	51	25.2	25.2	70.3
	同意	43	21.3	21.3	91.6
	非常同意	17	8.4	8.4	100.0
	合计	202	100.0	100.0	

表 4-21　在我国互联网政策体系中政府宏观管理效率高

		频率	百分比(%)	有效百分比(%)	累积百分比(%)
有效	非常不同意	24	11.9	11.9	11.9
	不同意	73	36.1	36.1	48.0
	无所谓(不确定)	55	27.2	27.2	75.2
	同意	40	19.8	19.8	95.0
	非常同意	10	5.0	5.0	100.0
	合计	202	100.0	100.0	

在经济方面，认为提高了社会经济效益的为12.4%，48.5%的被访者则不认同。认为推动了信息产业发展的为21.7%，不同意的为55.9%。数据见表4－22和表4－23。

表4－22 对互联网用户认为"互联网政策提高了社会经济效益"的分析

		频率	百分比(%)	有效百分比(%)	累积百分比(%)
有效	非常不同意	30	14.9	14.9	14.9
	不同意	68	33.7	33.7	48.5
	无所谓(不确定)	79	39.1	39.1	87.6
	同意	20	9.9	9.9	97.5
	非常同意	5	2.5	2.5	100.0
	合计	202	100.0	100.0	

表4－23 对互联网用户认为"互联网政策推动了信息产业发展"的分析

		频率	百分比(%)	有效百分比(%)	累积百分比(%)
有效	非常不同意	28	13.9	13.9	13.9
	不同意	85	42.1	42.1	55.9
	无所谓(不确定)	45	22.3	22.3	78.2
	同意	32	15.8	15.8	94.1
	非常同意	12	5.9	5.9	100.0
	合计	202	100.0	100.0	

在文化因素方面，57.9%的被访者不认为加速了信息流通共享，58.4%的被访者不认为促进了文化繁荣发展。两者持肯定态度的分别为19.3%和21.2%。数据见表4－24和表4－25。

表 4-24　对互联网用户认为"互联网政策加速了信息流通共享"的分析

		频率	百分比(%)	有效百分比(%)	累积百分比(%)
有效	非常不同意	36	17.8	17.8	17.8
	不同意	81	40.1	40.1	57.9
	无所谓(不确定)	46	22.8	22.8	80.7
	同意	25	12.4	12.4	93.1
	非常同意	14	6.9	6.9	100.0
	合计	202	100.0	100.0	

表 4-25　对互联网用户认为"互联网政策促进了文化繁荣发展"的分析

		频率	百分比(%)	有效百分比(%)	累积百分比(%)
有效	非常不同意	30	14.9	14.9	14.9
	不同意	88	43.6	43.6	58.4
	无所谓(不确定)	41	20.3	20.3	78.7
	同意	32	15.8	15.8	94.6
	非常同意	11	5.4	5.4	100.0
	合计	202	100.0	100.0	

在技术因素方面，53.5%的被访者不认为加速了技术创新发展，52.5%的被访者不认为推进了技术转化应用。两者持肯定态度的分别为21.7%和22.2%。数据见表4-26和表4-27。

表 4-26　对互联网用户认为"互联网政策加速了技术创新发展"的分析

		频率	百分比(%)	有效百分比(%)	累积百分比(%)
有效	非常不同意	27	13.4	13.4	13.4
	不同意	81	40.1	40.1	53.5
	无所谓(不确定)	50	24.8	24.8	78.2
	同意	31	15.3	15.3	93.6
	非常同意	13	6.4	6.4	100.0
	合计	202	100.0	100.0	

表 4-27 对互联网用户认为"互联网政策推进了技术转化应用"的分析

		频率	百分比(%)	有效百分比(%)	累积百分比(%)
有效	非常不同意	26	12.9	12.9	12.9
	不同意	80	39.6	39.6	52.5
	无所谓(不确定)	51	25.2	25.2	77.7
	同意	33	16.3	16.3	94.1
	非常同意	12	5.9	5.9	100.0
	合计	202	100.0	100.0	

以上对互联网政策效果感知的调查分析，可用图 4-9 表示。

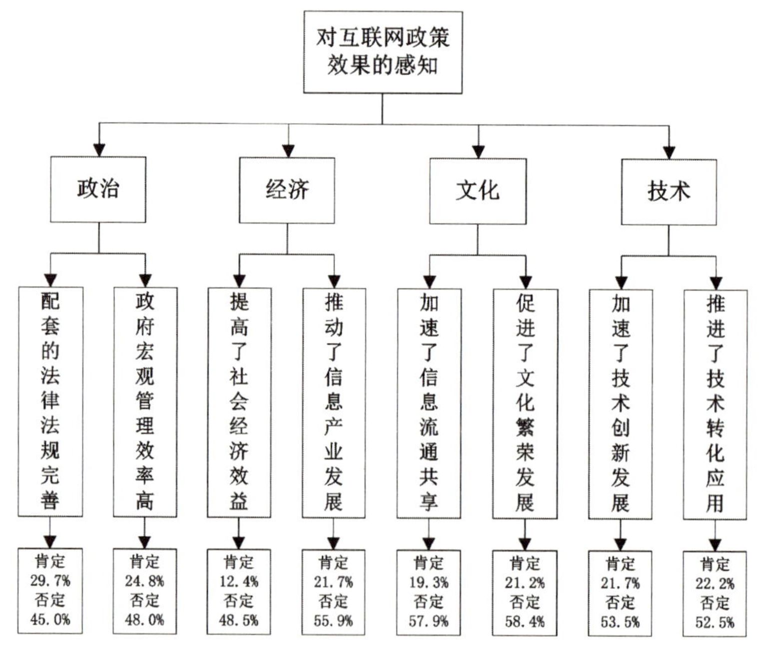

图 4-9 互联网用户对互联网政策效果感知的分析

如图 4-9 所示，在通过对互联网政策效果的感知调查中，看其在政治、经济、文化和技术等方面的表现。其中，对于政治因素的满意度肯定值在 25%～30%之间，否定值在 45%～48%之间；对于经济因素的满意度肯定值在 12%～22%之间，否定值在 48%～56%之间；对于文化因素的满意度肯定值在 19%～22%之间，否定值在 57%～59%之间；对于技术因素的满意度肯定值约为 22%，否定值约为 53%。可见，这四项分类中，肯定值大多不高于 22%，只有对政治因素的肯定值相对略高，主要体现在法律法规相对完善方面，但仍不高于 30%。而否定值均在 45%以上，尤其是文化和技术因素，否定值均在 50%以上，特别是文化因素其否定值在 55%以上。

由上，在关于互联网政策系统与环境之间的协调性问题方面，通过对互联网用户对于政策在社会各方面的期望和互联网政策的实际效果感知，具体分析了政治、经济、社会、文化以及个人因素等方面的调研结果后，结合图 4-8 和图 4-9，可以看出：

被访者在互联网政策在政治、经济、产业、文化和技术等方面的满意度并不高，肯定值在 15.9%～21.3%之间，大多数低于 20%；否定值在 44.6%～56.9%之间，大多数低于 50%。被访者的总体满意度不高，半数左右持否定态度。

被访者在互联网政策效果的感知方面，在政治、经济、文化和技术等方面，肯定值在 12.4%～29.7%之间，大多数在 20%以上；否定值在 48%～58.4%之间，大多数高于 50%。被访者的总体满意度基本在 20%～30%之间，半数以上持否定态度。

因此，可以说①在互联网政策系统与其他政策系统的关系方面，在内容和执行方面，接近四分之三不存在冲突，相对协调；②互联网政策系统与环境之间的协调性问题，通过对在政治、经济、社会、文化以及个人因素等方面的实际调研，被访者的满意度并不高，总体低于 30%，且有 50%以上持否定态度。因此，协调性欠佳。

综上，在互联网政策协调性问题上，根据政策文本内容以及部分问卷调研结果，可知：

(1)政策主体子系统协调性尚待完善，则假设 H2 不成立；

(2)政策客体子系统具有协调性，则假设 H3 成立；

(3)政策主体与客体子系统之间的协调性尚待完善，则假设 H4 不成立；

(4)互联网政策系统与其他政策系统的关系方面，相对协调，则假设 H5 相对成立；

(5)互联网政策系统与环境之间的协调性欠佳,则假设 H6 不成立。

总的来说,我国的互联网政策从整体上看不是很具有协调性,即假设 H1 并不成立。因此,需要从各方面加以补充和完善。

4.4 构建我国互联网治理四维目标政策系统协同推进模式

4.4.1 我国互联网治理政策系统协同推进问题分析

对于上一节的互联网政策系统协调性分析,主要是基于政策文本内容和一小部分的调查研究内容,得出政策系统尚不完善的结论。为了进一步说明和对照验证,本节将以政策文本为依据设计相关具体问题进行问卷调查,通过实际调查结果对上述的研究结论进行深入说明和检验。同时需要继续指出的是,本部分采用的调查研究结果仍然是下文第五章中互联网政策绩效分析调研的一部分内容。

在对政策绩效评估调研中,继续考察如下问题,即:

Q1:我国现有的互联网政策满足社会需求的情况是否与我国互联网政策内容合理全面有关?

通过 SPSS 软件进行方差分析,得到如下结果,见表 4-28、表 4-29、表 4-30 及图 4-10。

表 4-28 对于用户[①]认为"现有的互联网政策能够满足社会需求"的分析

	N	均值	标准差	标准误	均值的 95% 置信区间		极小值	极大值
					下限	上限		
非常同意	28	1.71	.810	.153	1.40	2.03	1	4
同意	101	2.35	.805	.080	2.19	2.51	1	5
无所谓/不确定	95	2.87	.718	.074	2.73	3.02	1	5
不同意	63	3.40	.773	.097	3.20	3.59	1	4
非常不同意	16	3.81	.911	.228	3.33	4.30	2	5

① 此处表题中的"用户"指互联网用户,以下"用户"代表的含义亦同此,不再另作说明。

（续表）

总数	303	2.75	.951	.055	2.64	2.86	1	5

表 4-29　对于用户认为“现有的互联网政策能够满足社会需求”的方差齐性检验

Levene 统计量	*df*1	*df*2	显著性
1.604	4	298	.173

表 4-30　对于用户认为“现有的互联网政策能够满足社会需求”的 ANOVA 分析

	平方和	*df*	均方	*F*	显著性
组间	92.351	4	23.088	38.099	.000
组内	180.587	298	.606		
总数	272.937	302			

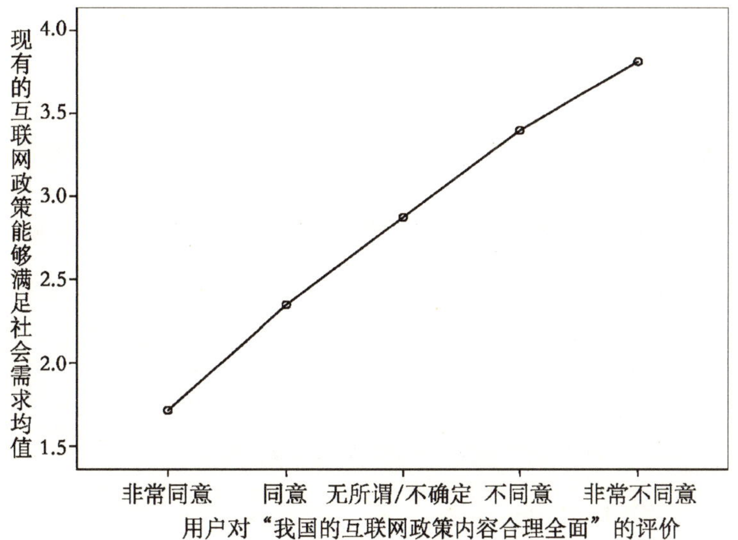

图 4-10　互联网用户认为互联网政策内容合理全面与互联网政策满足社会需求的均值图

结果分析：

方差齐性检验结果，“显著性”为 0.173，显著性大于 0.05，说明方差具有齐次性，可以进行方差分析。

从“单因素 ANOVA”分析结果中可以看出，显著性 0.000，小于 0.05，所以可以得出结论：我国现有的互联网政策满足社会需求的情况受我国互联网政策内容合理全面的影响显著。

Q2：对互联网政策的总体满意度高是否与社会公众参与度高有关？

通过 SPSS 软件进行方差分析，得到如下结果，见表 4-31、表 4-32、表 4-33 及图 4-11。

表 4-31 对于用户“对互联网政策总体满意度高”的评价分析

	N	均值	标准差	标准误	均值的 95% 置信区间		极小值	极大值
					下限	上限		
非常同意	32	1.97	1.121	.198	1.56	2.37	1	4
同意	145	2.45	.816	.068	2.31	2.58	1	5
无所谓/不确定	80	2.59	.758	.085	2.42	2.76	1	5
不同意	37	3.24	.830	.136	2.97	3.52	2	5
非常不同意	9	4.11	.928	.309	3.40	4.82	3	5
总数	303	2.58	.935	.054	2.48	2.69	1	5

表 4-32 对于用户“对互联网政策的总体满意度高”的方差齐性检验

Levene 统计量	df_1	df_2	显著性
2.245	4	298	.064

表 4-33 对于用户“对互联网政策的总体满意度高”的 ANOVA 分析

	平方和	*df*	均方	*F*	显著性
组间	51.851	4	12.963	18.228	.000
组内	211.918	298	.711		
总数	263.769	302			

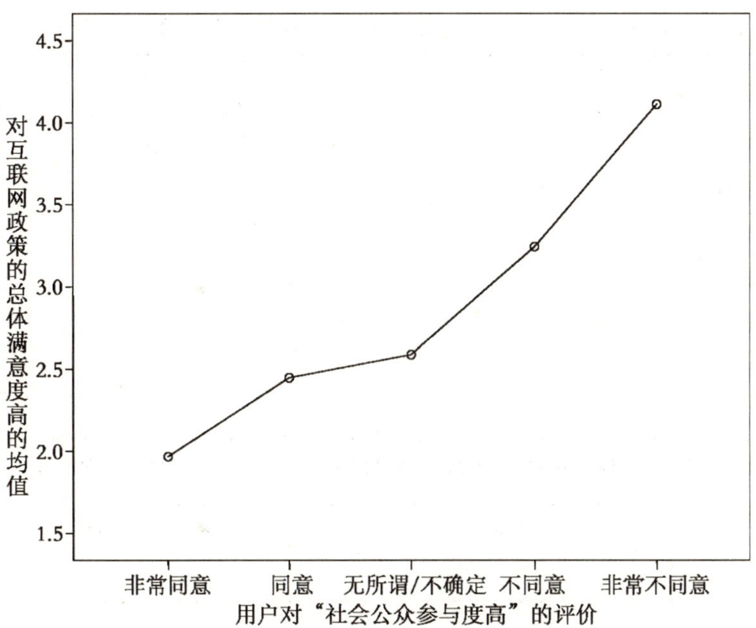

图 4-11　社会公众参与度高与用户对互联网政策总体满意度高的均值图

结果分析：

方差齐性检验结果，“显著性”为 0.064，显著性大于 0.05，说明方差具有齐次性，可以进行方差分析。

从“单因素 ANOVA”分析结果中可以看出，显著性 0.000，小于 0.05，所以可以得出结论：我国互联网用户对互联网政策的总体满意度高受社会公众参与度高的影响显著。

Q3：对互联网信息的总体信任度高是否与政策执行监督机构的约束力强有关？

通过 SPSS 软件进行方差分析，得到如下结果，见表 4-34、表 4-35、表 4-36 及图 4-12。

表 4-34 对于用户“对互联网信息的总体信任度高”的评价分析

	N	均值	标准差	标准误	均值的 95% 置信区间		极小值	极大值
					下限	上限		
非常同意	31	1.71	.783	.141	1.42	2.00	1	4
同意	112	2.34	.823	.078	2.19	2.49	1	5
无所谓/不确定	101	2.84	.771	.077	2.69	2.99	1	5
不同意	47	3.13	1.055	.154	2.82	3.44	1	5
非常不同意	12	4.08	1.084	.313	3.39	4.77	2	5
总数	303	2.63	.987	.057	2.52	2.75	1	5

表 4-35 对于用户“对互联网信息的总体信任度高”的方差齐性检验

Levene 统计量	df_1	df_2	显著性
2.086	4	298	.083

表 4-36 对于用户“对互联网信息的总体信任度高”的 ANOVA 分析

	平方和	df	均方	F	显著性
组间	77.226	4	19.307	26.500	.000
组内	217.110	298	.729		
总数	294.337	302			

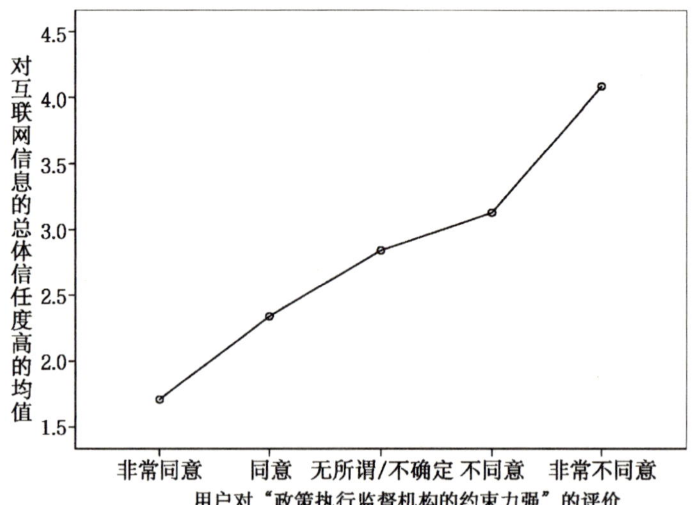

图 4-12 政策执行监督机构的约束力强与对互联网信息的总体信任度高的均值图

结果分析：

方差齐性检验结果，"显著性"为 0.083，显著性大于 0.05，说明方差具有齐次性，可以进行方差分析。

从"单因素 ANOVA"分析结果中可以看出，显著性 0.000，小于 0.05，所以可以得出结论：我国互联网用户对互联网信息的总体信任度高受政策执行监督机构的约束力强的影响显著。

Q4：政府管理互联网的行为在总体上符合公共利益是否与社会公众参与度高有关？

通过 SPSS 软件进行方差分析，得到如下结果，见表 4－37、表 4－38、表 4－39 及图 4－13。

表 4－37　对于用户认为"政府管理互联网的行为在总体上符合公共利益"的评价分析

	N	均值	标准差	标准误	均值的 95% 置信区间		极小值	极大值
					下限	上限		
非常同意	32	1.56	.914	.162	1.23	1.89	1	5
同意	145	2.21	.835	.069	2.08	2.35	1	5
无所谓/不确定	80	2.56	.855	.096	2.37	2.75	1	5
不同意	37	3.08	1.038	.171	2.74	3.43	2	5
非常不同意	9	4.22	.972	.324	3.48	4.97	2	5
总数	303	2.40	1.008	.058	2.29	2.52	1	5

表 4－38　对于用户认为"政府管理互联网的行为在总体上符合公共利益"的方差齐性检验

Levene 统计量	df_1	df_2	显著性
2.031	4	298	.090

表 4－39　对于用户认为“政府管理互联网的行为在总体上符合公共利益”的 ANOVA 分析

	平方和	*df*	均方	*F*	显著性
组间	76.631	4	19.158	24.795	.000
组内	230.247	298	.773		
总数	306.878	302			

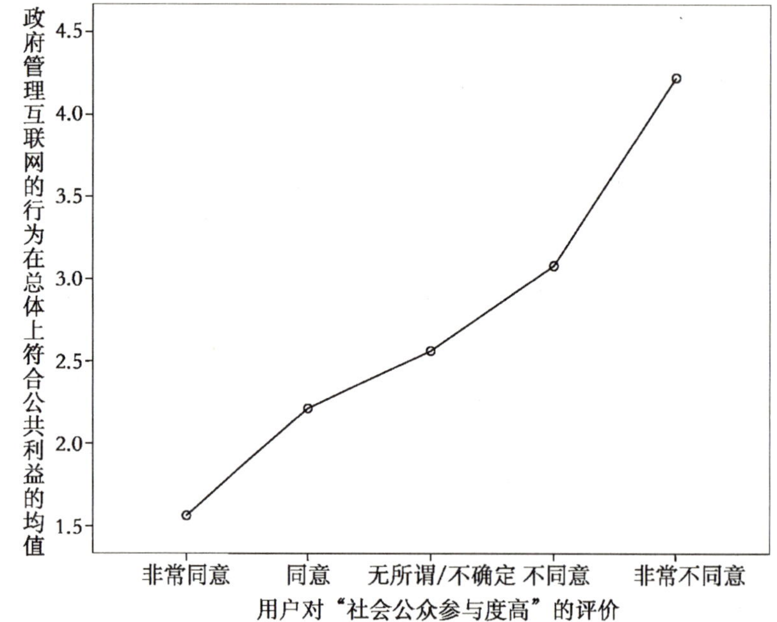

图 4－13　社会公众参与度高与政府管理互联网行为总体上符合公共利益的均值图

结果分析：

方差齐性检验结果，“显著性”为 0.090，显著性大于 0.05，说明方差具有齐次性，可以进行方差分析。

从“单因素 ANOVA”分析结果中可以看出，显著性 0.000，小于 0.05，所以可以得出结论：政府管理互联网的行为在总体上符合公共利益受社会公众参与度高的影响显著。

4.4.2　构建我国互联网治理四维目标政策系统协同推进模式

综上所述，通过对我国互联网政策系统性的内容分析，同时结合依据政策内容进行的调研结果，就我国互联网的政策目标来构建其政策系统的协同推进模式。具体如图 4－14 所示。

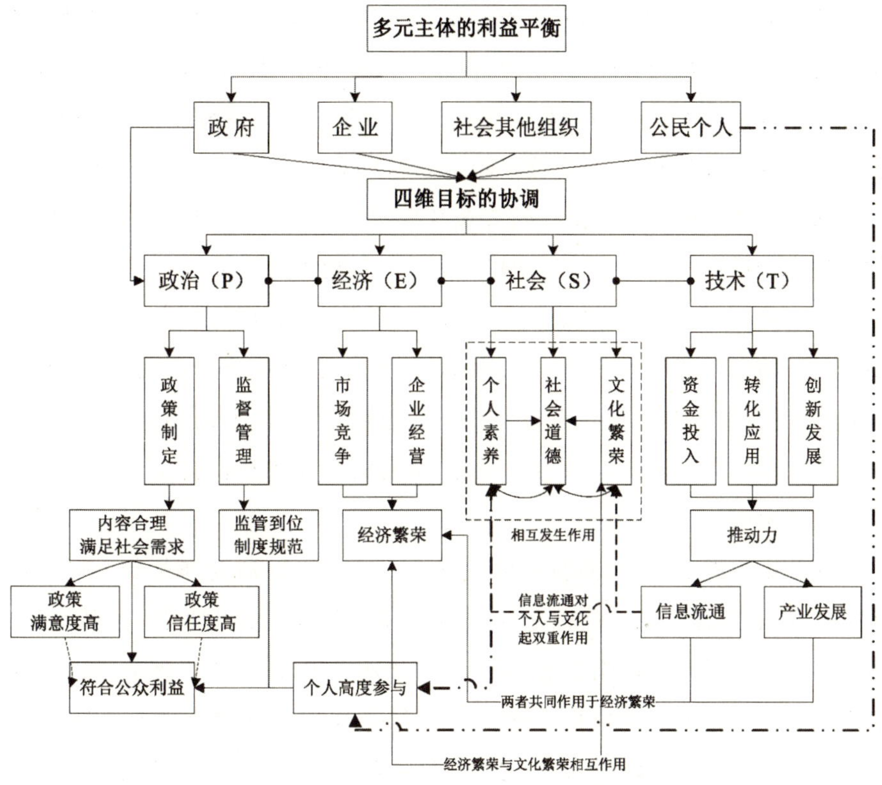

图 4－14　我国互联网治理四维目标政策系统协同推进模式图示

我国的互联网政策从总的来说是一个多元利益的集合体，其中主要代表了政府、企业、社会各种组织以及个人的多重利益，因此要对各方利益进行平衡。在此基础上，其主要通过政治（P）、经济（E）、社会（S）以及技术（T）等四种目标的实现来体现。因此，需要进行这四个目标的整体协调。

在政治因素上，主要表现为政策的制定和监督管理两方面。从前面章节的分析已经得出我国的互联网政策尚不具协调性，需要从各方面加以补充和完善。因此，首先在内容方面，要完善相应的法律法规，健全法律制度，使其内容符合信息时代的社会实践，同时更广泛地满足社会需求。只有这样，才能真正实现互联网政策的高满意度和高信任度，符合社会公众利益。

其次，在监督管理方面，要建立规范的监督和反馈制度，使政策的实施能够得到切实的监督和执行。

研究显示，这两方面的完善不仅仅需要政策制定者和决策者的参与，更重要的是社会公众的高度参与。而现实中互联网政策协调性的不足相当一部分原因也是因为公众的缺位。而公民参与互联网公共政策事务，不但是公民参与社会事务的进步，更能贴切地表达民众利益，从而有助于更好地实现大众权益并且可以起到良好的大众监督作用。这要求公民素养的提高并同时进一步地反作用于公民素质以使之全方位地得到强化。

在经济因素上，互联网产业发展需要健康的市场环境和企业经营的规范。对于信息经济这一飞速发展的新兴经济而言，既需要政策的引导、推动和扶持，又需要企业自身具有道德约束和意识，只有两方面相结合，才能为社会提供积极和健康信息内容及服务，从而实现经济和社会文化的两个方面的繁荣发展。

在技术因素上，互联网行业的发展离不开技术的演变和革新。对于技术的需求，首先需要大量的资金投入，因此需要国家的帮助和扶持；其次，技术实现后更重要的是转化应用，从而最大化地实现价值，服务社会；最后，创新和发展是产业不衰的最根本途径。只有这样，技术才能作为持久不竭的推动力来促进产业不断升级、进步，向前和向上发展。在技术发展的同时，它可以更好地实现信心流通的扩大和加速，使得产业得到更好的发展，以信息化产业的兴盛为经济繁荣做出贡献。

在这一过程中，不可忽视的是，在信息化时代，信息的共享与流通可以极大地促进人的进步和社会文化的繁荣，有利于公众素质的提高和文化的进步。

在社会因素上，信息社会在政治、经济以及技术的作用下，使得公民个人受益，同时社会文化得到发展，道德得以提升。它们在各自发展的同时还相互影响，互为支撑，从而实现社会整体的大发展。

可以说，在多元社会利益主体的共同作用下，政治(P)、经济(E)、社会(S)以及技术(T)这四种目标本身就是一个互相关联的综合体，它们互为因果，相互影响，不可或缺，也不容偏废。针对这四维目标，需要完善的从宏观到微观，诸如政策、制度、合作、参与、规范、自律以及自我提升和自我约束等，从政府、到企业、到社会团体、到个人等，内容也是复杂而多样，同时也是丝丝相连的。它需要社会从上到下的整体参与，也需要互相的制衡与制约，更需要相互的协调和合作。只有通过全社会的努力和协作，才能实现一个社会里多元综合利益的最大化。

第5章　我国互联网治理的社会进步综合绩效评估模式

本章节拟构建我国互联网社会进步综合绩效评估机制，主要以我国互联网政策的绩效公民满意度为依据，在此基础上通过政策满意度调查的结果，根据其揭示和反映出的问题，结合我国互联网治理的目标，以此构建我国的互联网治理社会进步综合绩效评估机制。

5.1　我国互联网政策绩效的公民满意度评估方案与实施

5.1.1　模型的建构和思路

本书试图构建以公众满意度为主要目标的互联网法律绩效评估体系，而合理的绩效评估指标体系，才能有利于法律绩效评估的顺利推进。因此，在问卷设计过程中，评估的内容、标准和指标体系设计的规范和科学必须要确保。

对于该绩效评估体系，本书拟采用如图5-1所示的法律绩效的公民满意度评估模型(CCSI)。

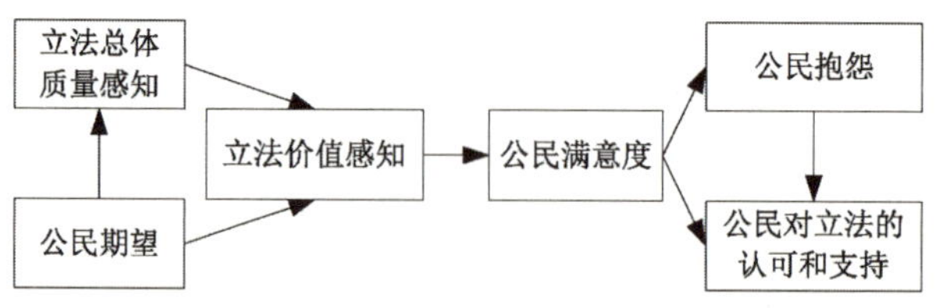

图5-1　法律绩效的公民满意度评估模型(CCSI)①

该评估指标体系划分为四个层次。每一层次的评估指标都是根据上一

① 周文生.法律绩效的公民满意度评估研究[D].济南：山东大学，2010.

层评估指标展开的，而上一层次的评估指标则通过下一层评估指标的评估结果反映出来；其中“公民满意度指标”是总的评估目标，为一级指标，即第一层次；公民满意度模型中的公民期望、公民对立法质量的感知、公民对立法价值的感知、公民满意度、公民抱怨、公民对立法的认可和支持等六大要素为二级指标，即第二层次[①]；根据不同的具体立法将六大要素（以本书为例）细化为具体的三级指标，即第三层次；三级指标又可细化为问卷上的问题，形成测评指标体系的四级指标，即第四层次。评估指标体系的四级指标是由三级指标展开而来的，是公民满意度评估中直接面向公民的指标，它是和公民满意度评估调查问卷、网上评议、座谈会等提出的问题相对应的[②]。

对于本书中的互联网政策规范公民满意度指标，主要将在借鉴表 5－1 公民满意度指标体系的基础上进行研究。

表 5－1　公民满意度评估指标体系[③]

一级指标	二级指标	三级指标
公民满意度指标	公民对立法的期望	公民对立法质量的总体期望
		公民对立法质量满足公民需求程度的期望
		公民对立法质量稳定性的期望
		公民对立法质量的总体评价
	公民对立法质量的感知	公民对立法质量满足需求程度的评价
		公民对立法质量可靠性的评价
		公民对立法总成本的感知
	公民对立法价值的感知	公民对立法总价值的感知
		公民对给定成本时立法质量的评价
		公民对给定立法质量时立法成本的评价

① 米子川，高岳.公众满意度测量指标体系研究[J].山西财经大学学报（高等教育版），2004(12).

② 米子川，高岳.公众满意度测量指标体系研究[J].山西财经大学学报（高等教育版），2004(12).

③ 周文生.法律绩效的公民满意度评估研究[D].济南：山东大学，2010.

（续表）

一级指标	二级指标	三级指标
公民满意度指标	公民满意度	公民总体满意度
		公民期望与感知的比较
	公民抱怨	公民对法律运行的各个环节的抱怨行为
	公民对立法的认可和支持	公民对法律运行的各个环节的认可和支持程度

公众满意度评估中使用 5 级李克特量表，采用的 5 级态度是：非常同意、同意、无所谓（不确定）、不同意和非常不同意，相应赋值分别为 1、2、3、4、5。

考虑到本书关于互联网政策的具体性和特殊性，对于上述评估指标体系将做进一步的修改和完善。具体地说，就是在保持一级指标和二级指标不变的情况下，对于三级指标的内容进行修改，见表 5 - 2。

表 5 - 2　互联网政策规范公民满意度指标体系（三级指标体系）

一级指标	二级指标	三级指标
互联网政策规范公民满意度指标	公民对互联网政策的期望	公民对互联网政策的总体期望
		公民对立法质量满足公民需求程度的期望
		公民对立法质量稳定性的期望
	公民对互联网政策质量的感知	公民对互联网政策的总体评价
		公民对立法质量满足需求程度的评价
		公民对立法质量可靠性的评价
	公民对互联网政策价值的感知	公民对立法总成本的感知
		公民对立法总价值的感知
		公民对给定成本时立法质量的评价
		公民对给定立法质量时立法成本的评价
	公民的满意度	公民总体满意度
		公民期望与感知的比较
	公民的抱怨	公民对法律运行的各个环节的抱怨行为
	公民对互联网政策立法的认可和支持	公民对法律运行的各个环节的认可和支持程度

又由于价值感知比较难测量，结合本书的政策研究特点将其略作调整，用对互联网政策的效果感知来替代，同时细化四级指标，如表 5 - 3 所示。

表 5 - 3　互联网政策规范公民满意度指标体系（四级指标体系）

一级指标	二级指标	二级指标	四级指标
互联网政策规范公民满意度指标	公民对互联网政策的期望	公民对互联网政策在社会发展各个方面的期望	社会方面
			经济方面
			产业方面
			文化方面
			个人方面
	公民对互联网政策质量的感知	公民对互联网政策质量在不同方面的感知	政治层面
			经济层面
			社会层面
	公民对互联网政策价值的感知	公民对互联网政策效果在不同方面的感知	政治层面
			经济层面
			文化层面
			技术层面
	公民的满意度	公民对互联网政策的满意度	满意度
			信任度
			民主进步
			期望与现实比较
	公民的抱怨	公民对互联网政策运行的各个环节的抱怨行为	政策全面
			操作性强
			监督完善
			参与度高
	公民的认可	公民对法律运行的各个环节的认可和支持程度	符合公共利益
			企业更具活力
			监督约束力强
			宣传的效果好

5.1.2　潜变量和可测变量的设定

在新的模型中（见图 5 - 2），包含 6 个潜在变量，即对互联网政策在社会发展方面的期望、互联网政策质量的感知、互联网政策效果的感知、互联网政策的满意度、互联网政策运行的各个环节的抱怨行为和法律运行的各个环节的认可和支持程度。其中，前 3 个要素为前提变量，后 3 个要素为结果变量，前提变量综合决定并影响结果变量。

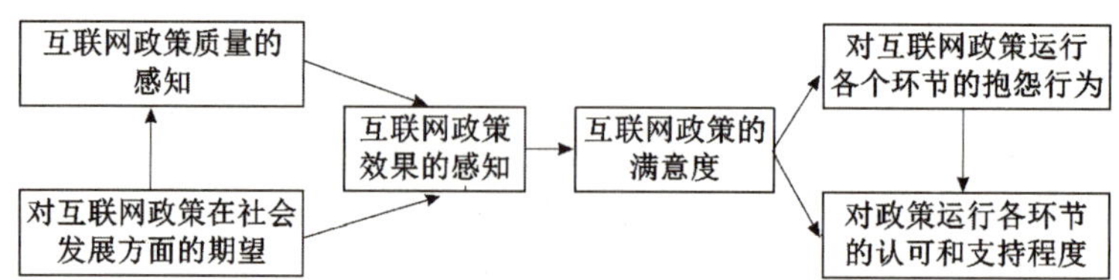

图 5-2 设计的结构路径图和基本路径假设

5.1.3 基本的假设路径

H1：对互联网政策在社会发展方面的期望对互联网政策质量的感知有正向的路径影响；

H2：对互联网政策在社会发展方面的期望对互联网政策效果的感知有正向的路径影响；

H3：对互联网政策质量的感知对互联网政策效果的感知有正向的路径影响；

H4：对互联网政策效果的感知对互联网政策的满意度有正向的路径影响；

H5：对互联网政策的满意度对互联网政策运行的各个环节的抱怨有正向的路径影响；

H6：对互联网政策的满意度对互联网政策运行的各个环节的认可和支持程度有正向的路径影响；

H7：对互联网政策运行的各个环节的抱怨对互联网政策运行的各个环节的认可和支持程度有正向的路径影响。

5.1.4 潜变量和可测变量对应表

如表 5-4 所示，本项研究共包括 6 个潜在变量，31 项可测指标变量。其中，可测指标变量即为对互联网政策规范公民满意度指标体系中四级指标的具体化。其中，a11～a64 为可测变量项目编号，将在下文的图表中代表可测变量。

表 5-4　模型变量对应表

潜在变量	可测变量
1. 对互联网政策在社会发展方面的期望	a11 符合社会发展规律
	a12 符合经济发展规律
	a13 符合产业发展规律
	a14 符合文化发展规律
	a15 符合个人发展需求
2. 对互联网政策质量的感知	a211 政策内容合理全面
	a212 能够根据互联网产业发展需要制定创新性政策
	a213 政策由多个部门颁布，整体上缺乏系统性
	a221 政策能够促进互联网企业的公平竞争
	a222 政策利于消除企业经营及产品和服务同质化的现象
	a231 现有的互联网政策能够满足社会需求
3. 对互联网政策效果的感知	a311 配套的法律法规完善
	a312 政府宏观管理效率高
	a321 提高了社会经济效益
	a322 推动了信息产业发展
	a331 加速了信息流通共享
	a332 促进了文化繁荣发展
	a341 加速了技术创新发展
	a342 推进了技术转化应用
4. 对互联网政策的满意度	a41 您对互联网政策的总体满意度高
	a42 您对互联网信息的总体信任度高
	a43 您认为互联网政策有助于促进社会民主进步
	a44 您对我国互联网政策的期望与其实际发展情况的比较
5. 对互联网政策运行的各个环节的抱怨行为	a51 政策得到全面落实
	a52 政策具有可操作性
	a53 相关监督机制完善
	a54 社会公众参与度高

（续表）

潜在变量	可测变量
6. 对法律运行的各个环节的认可和支持程度	a61 政府管理互联网的行为在总体上符合公共利益
	a62 政策使互联网企业的经营与发展更加具有活力
	a63 政策执行监督机构的约束力强
	a64 互联网政策宣传的社会效果好

5.1.5 关于我国互联网政策绩效公民满意度评估的数据收集

本次问卷调研的对象为所有可以接触互联网并在日常生活中经常使用的网络用户。调查主要采用网络分发的方式进行。调研问卷内容包括6个潜在变量，31项可测指标，以及5个人口变量，采用Likert五级量表进行调查，采用的5级态度是：非常同意、同意、无所谓（不确定）、不同意和非常不同意，相应赋值分别为1、2、3、4、5。

关于问卷的回收和缺失值的处理：本次调查共发放问卷327份，收回有效样本303份。其中，对于缺失值的处理主要采用表列删除法，即在每份回收的问卷记录中，只要存在一项缺失，即删除该记录，最终得到有效数据303份。本书基于这303份有效问卷进行数据分析。

5.2 我国互联网政策绩效的公民满意度调查与研究分析

5.2.1 我国互联网政策绩效公民满意度评估的描述性统计

5.2.1.1 样本人口统计特征

1）性别

样本人口统计性别特征如表5－5所示。

表5－5 样本人口统计特征：性别百分比

		频率	百分比（%）	有效百分比（%）	累积百分比（%）
有效	男性	167	55.1	55.1	55.1
	女性	136	44.9	44.9	100.0
	合计	303	100.0	100.0	

从表中可以看出，被调查的 303 人中，男性为 167 人，占总人数的 55.1%；女性为 136 人，占总人数的百分比为 44.9%。

2）年龄

样本人口统计年龄特征如表 5 - 6 所示。

表 5 - 6　样本人口统计特征：年龄百分比

		频率	百分比(%)	有效百分比(%)	累积百分比(%)
有效	小于 18 岁	17	5.6	5.6	5.6
	18～20 岁	21	6.9	6.9	12.5
	21～25 岁	69	22.8	22.8	35.3
	26～30 岁	85	28.1	28.1	63.4
	31～35 岁	63	20.8	20.8	84.2
	36～40 岁	29	9.6	9.6	93.7
	41～45 岁	11	3.6	3.6	97.4
	46～50 岁	7	2.3	2.3	99.7
	60 岁以上	1	.3	.3	100.0
	合计	303	100.0	100.0	

在年龄分布上，主要可以看出不满 18 岁、18～20 岁之间、36 岁～40 岁之间、41～45 岁之间、46～50 岁之间以及 60 岁以上的被调查者比例均不足 10%，尤其后三者比例均不足 5%。而 26～30 岁之间的占 28.1%，21～25 岁之间的占 22.8%，31～35 岁之间的占 20.8%，分布相对均匀，且比例约在 20%～30%之间。反映出互联网用户主要集中于 21～35 岁之间的年龄段。可见互联网用户以年轻人为主，与中国互联网络中心(CNNIC)发布的第 31 次《中国互联网络发展状况统计报告》[①]的网民年龄结构统计结果相符。

3）学历

样本人口统计学历特征如表 5 - 7 所示。

---

① 第 31 次中国互联网络发展状况统计报告[EB/OL].北京：中国互联网络信息中心，2013[2013 - 04 - 20].http://www.cnnic.net.cn/hlwfzyj/hlwxzbg/hlwtjbg/201301/t20130115_38508.htm.

表5-7 样本人口统计特征:学历百分比

		频率	百分比(%)	有效百分比(%)	累积百分比(%)
有效	初中及以下	18	5.9	5.9	5.9
	高中(含中专/技校)	37	12.2	12.2	18.2
	大专	42	13.9	13.9	32.0
	本科	171	56.4	56.4	88.4
	研究生及以上	35	11.6	11.6	100.0
	合计	303	100.0	100.0	

在被调查者的受教育程度方面,56.4%的被调查者是本科学历,超过样本数的一半;其次是大专学历为13.9%;再次是高中(含中专/技校)为12.2%;然后是研究生及以上为11.6%;初中及以下的比例最低为5.9%,不足样本数的十分之一。因此,可以说互联网用户呈现高学历的特征。

4) 月收入

样本人口统计月收入特征如表5-8所示。

表5-8 样本人口统计特征:月收入百分比

		频率	百分比(%)	有效百分比(%)	累积百分比(%)
有效	<1 000元	27	8.9	8.9	8.9
	1 000~2 999元	48	15.8	15.8	24.8
	3 000~4 999元	81	26.7	26.7	51.5
	5 000~6 999元	66	21.8	21.8	73.3
	7 000~8 999元	39	12.9	12.9	86.1
	9 000元及以上	42	13.9	13.9	100.0
	合计	303	100.0	100.0	

在月收入方面,所占比例最小的为低于1 000元的,占8.9%,其次是7 000~8 999元,为12.9%,再次是9 000元以上的,为13.9%。所占比例最大的是3 000~4 999元之间的,为26.7%,其次是5 000~6 999元之间的,为21.8%,再次是1 000~2 999元之间的,为15.8%。主要的月收入分布于1 000~6 999元之间,其中又以在3 000~6 999元之间的分布较多,百分比合计为48.5%,

约占总受调查者的一半。

5）职业

样本人口统计职业特征如表 5－9 所示。

表 5－9　样本人口统计特征：职业百分比

		频率	百分比（%）	有效百分比（%）	累积百分比（%）
有效	A 综合职能（行政、HR、财务、法务、网络规则、信息安全、物流/仓储、培训/咨询等职能支持）	83	27.4	27.4	27.4
	运营管理	49	16.2	16.2	43.6
	技术研发	52	17.2	17.2	60.7
	市场营销（营销策划、销售、媒介、广告）	26	8.6	8.6	69.3
	设计类（交互、视觉、用户体验等）	12	4.0	4.0	73.3
	客户服务	10	3.3	3.3	76.6
	产品类	15	5.0	5.0	81.5
	内容编辑	13	4.3	4.3	85.8
	新闻采编	2	.7	.7	86.5
	其他	38	12.5	12.5	99.0
	其他研究人员	2	.7	.7	99.7
	其他制图	1	.3	.3	100.0
	合计	303	100.0	100.0	

在职业分布上，综合职能所占比例最大，为 27.4%。这与这一项涵盖的内容比较多有关，主要包括诸如行政、HR、财务、法务、网络规则、信息安全、物流/仓储、培训/咨询等多方面的职能支持。其次是技术研发，为 17.2%。再次是运营管理，为 16.2%。其余各项数据较为分散，大多数都低于 10%。

5.2.1.2　对目前我国互联网信息及管理现状评价

对于网络上的信息是否需要管理和控制这一问题，见表 5－10，在被调查的 303 人中，高达 89.1%的被调查者认为需要，还有 6.9%的人表示无所谓

(不确定),仅有4%的人认为不需要管理和控制。说明对于网络信息,绝大多数人认为不能放任不管。

表 5-10 对用户认为“网络上的信息需要管理和控制”的评价分析

		频率	百分比(%)	有效百分比(%)	累积百分比(%)
有效	非常同意	111	36.6	36.6	36.6
	同意	159	52.5	52.5	89.1
	无所谓/不确定	21	6.9	6.9	96.0
	不同意	9	3.0	3.0	99.0
	非常不同意	3	1.0	1.0	100.0
	合计	303	100.0	100.0	

在移动互联网的安全性需要增强这一问题中,见表 5-11,有 88.1%的被调查者表示同意,9.9%的被调查者表示无所谓(不确定),仅有2%的人认为不需要。可见,对于移动通信网络越来越发达的今天,用户非常关注其安全性问题。

表 5-11 对用户认为“移动互联网的安全性需要增强”的评价分析

		频率	百分比(%)	有效百分比(%)	累积百分比(%)
有效	非常同意	137	45.2	45.2	45.2
	同意	130	42.9	42.9	88.1
	无所谓/不确定	30	9.9	9.9	98.0
	不同意	5	1.7	1.7	99.7
	非常不同意	1	.3	.3	100.0
	合计	303	100.0	100.0	

在网络使用中网络侵权事件是否频发这一问题中,见表 5-12,有 77.9%的被调查者表示同意,接近五分之四。17.8%的被调查者表示无所谓(不确定)。仅4.3%的被调查者表示不认同。说明对于网络侵权问题严重,网民也非常关注此类事件。

表 5－12　对用户认为“网络侵权事件频发”的评价分析

		频率	百分比(%)	有效百分比(%)	累积百分比(%)
有效	非常同意	65	21.5	21.5	21.5
	同意	171	56.4	56.4	77.9
	无所谓/不确定	54	17.8	17.8	95.7
	不同意	11	3.6	3.6	99.3
	非常不同意	2	.7	.7	100.0
	合计	303	100.0	100.0	

5.2.2　关于数据的信度和效度检验

5.2.2.1　数据的信度检验

信度(reliability)，即测量的可靠性(trustworthiness)，是指测量结果的一致性(consistency)或稳定性(stability)[①]。信度的一致性主要反映测试内部题目之间是否互相符合，考察测试题目是否测试了相同的内容或特质。稳定性主要反映同一种测量工具(如同一份调查问卷)对同一被试群体在不同的测验时间点下进行测试分数前后一致的程度。在本书中由于并未进行多次测试，因此主要用一致性指标来测量数据信度。

在对调查数据进行信度分析时，若测量指标的 CITC 值大于 0.5 且因子的 Cronbach's Alpha 系数在 0.6 以上，则保留该指标，反之则应删去，直到所有测量指标的 CITC 值都大于 0.5，且该因子的 Cronbach's Alpha 系数在 0.6 以上[②]。根据这一原则，下面将对各部分测量变量进行信度分析。

1) 对互联网政策在社会发展方面的期望信度检验

该项统计量数据见表 5－13、表 5－14。

表 5－13　对于用户对“互联网政策在社会发展方面的期望”的可靠性统计量

Cronbach's Alpha	项数
.909	5

---

① 邱皓政.量化研究与统计分析：SPSS 中文视窗版数据分析范例解析[M].重庆：重庆大学出版社，2009：283.

② 何俊辉.开放式教育的市场导向战略体系实证研究[J].中国远程教育，2010(5).

表 5-14 项总计统计量

	项已删除的刻度均值	项已删除的刻度方差	校正的项总计相关性	项已删除的 Cronbach's Alpha 值
我国的互联网政策符合社会发展规律	9.85	10.707	.746	.894
我国的互联网政策符合经济发展规律	9.94	10.655	.803	.882
我国的互联网政策符合产业发展规律	9.92	10.726	.784	.886
我国的互联网政策符合文化发展规律	9.89	10.497	.793	.884
我国的互联网政策符合个人发展需求	9.99	10.914	.724	.898

如表 5-13 所示，该因子的 Cronbach's Alpha 系数为 0.909，大于 0.6，信度较好。表 5-14 中“校正的项总计相关性”一列值即为 *CITC* 值(以下各表的 *CITC* 值含义相同)，其均大于 0.5。因此该指标内部一致性较高，通过检验。

2) 对互联网政策质量感知的信度检验

该项统计量数据见表 5-15、表 5-16。

表 5-15 对于用户对“互联网政策质量感知”的可靠性统计量

Cronbach's Alpha	项数
.813	6

表5-16　项总计统计量

	项已删除的刻度均值	项已删除的刻度方差	校正的项总计相关性	项已删除的Cronbach's Alpha值
我国的互联网政策内容合理全面	12.11	11.035	.699	.753
能够根据互联网产业发展需要制定创新性政策	12.68	11.814	.621	.772
政策由多个部门颁布整体上缺乏系统性	12.83	15.324	.155	.857
政策能够促进互联网企业的公平竞争	12.33	11.757	.644	.767
政策利于消除企业经营及产品和服务同质化的现象	12.42	11.264	.731	.747
现有的互联网政策能够满足社会需求	12.15	12.109	.596	.778

如表5-15所示,该因子的Cronbach's Alpha系数为0.813,大于0.6,信度较好。而表5-16中的*CITC*值中,“政策由多个部门颁布整体上缺乏系统性”值为0.155,小于0.5,故予以剔除。其余测量指标均大于0.5,因此可以保留到正式问卷中。

3) 对互联网政策效果感知的信度检验

该项统计量数据见表5-17、表5-18。

表5-17　对于用户对“互联网政策效果感知”的可靠性统计量

Cronbach's Alpha	项数
.874	8

表 5－18　项总计统计量

	项已删除的刻度均值	项已删除的刻度方差	校正的项总计相关性	项已删除的 Cronbach's Alpha 值
配套的法律法规完善	15.84	21.101	.567	.871
政府宏观管理效率高	15.99	21.639	.568	.869
提高了社会经济效益	16.42	21.934	.665	.855
推动了信息产业发展	16.69	22.472	.695	.853
加速了信息流通共享	16.75	23.111	.622	.861
促进了文化繁荣发展	16.66	22.298	.696	.853
加速了技术创新发展	16.67	22.468	.687	.854
推进了技术转化应用	16.64	22.960	.669	.857

如表 5－17 所示，该因子的 Cronbach's Alpha 系数为 0.874，大于 0.6，信度较好。而表 5－18 中的 *CITC* 值中各测量指标均大于 0.5，因此可以保留到正式问卷中。

4）对互联网政策满意度的信度检验

该项统计量数据见表 5－19、表 5－20。

表 5－19　对于用户对“互联网政策满意度”的可靠性统计量

Cronbach's Alpha	项数
.768	4

表 5－20　项总计统计量

	项已删除的刻度均值	项已删除的刻度方差	校正的项总计相关性	项已删除的 Cronbach's Alpha 值
对互联网政策的总体满意度高	7.24	4.963	.679	.653

（续表）

	项已删除的刻度均值	项已删除的刻度方差	校正的项总计相关性	项已删除的 Cronbach's Alpha 值
对互联网信息的总体信任度高	7.18	4.946	.625	.680
互联网政策有助于促进社会民主进步	7.61	5.768	.502	.745
对我国互联网政策的期望与其实际发展情况的比较	7.42	5.331	.481	.762

如表 5－19 所示，该因子的 Cronbach's Alpha 系数为 0.768，大于 0.6，信度较好。而表 5－20 中的 *CITC* 值中，“对我国互联网政策的期望与其实际发展情况的比较”值为 0.481，小于 0.5，故予以剔除。其余测量指标均大于 0.5，因此可以保留到正式问卷中。

5）对互联网政策运行各环节抱怨的信度检验

该项统计量数据见表 5－21、表 5－22。

表 5－21　对于用户对“互联网政策运行各环节抱怨”的可靠性统计量

Cronbach's Alpha	项数
.787	4

表 5－22　项总计统计量

	项已删除的刻度均值	项已删除的刻度方差	校正的项总计相关性	项已删除的 Cronbach's Alpha 值
政策得到全面落实	7.87	5.499	.665	.699
政策具有可操作性	8.34	6.173	.571	.748
相关监督机制完善	7.94	4.801	.654	.707
社会公众参与度高	8.34	6.118	.509	.775

如表 5－21 所示，该因子的 Cronbach's Alpha 系数为 0.787，大于 0.6，信度较好。而表 5－22 中的 *CITC* 值中各项测量指标均大于 0.5，因此可以保留到正式问卷中。

6）对法律运行各环节认可和支持的信度检验

该项统计量数据见表 5－23、表 5－24。

表 5－23　对于用户对“法律运行各环节认可和支持”的可靠性统计量

Cronbach's Alpha	项数
.859	4

表 5－24　项总计统计量

	项已删除的刻度均值	项已删除的刻度方差	校正的项总计相关性	项已删除的 Cronbach's Alpha 值
政府管理互联网的行为在总体上符合公共利益	7.59	6.149	.761	.797
政策使互联网企业的经营与发展更加具有活力	7.70	6.706	.668	.836
政策执行监督机构的约束力强	7.34	6.641	.656	.841
互联网政策宣传的社会效果好	7.36	6.343	.736	.808

如表 5－23 所示，该因子的 Cronbach's Alpha 系数为 0.859，大于 0.6，信度较好。表 5－24 中的 *CITC* 值均大于 0.5。因此该指标内部一致性较高，通过检验。

5.2.2.2　数据的效度检验

效度（validity），即测量的正确性，指测验或其他测量工具确实能够测得其所欲测量的构念之程度。测量的效度愈高，表示测量的结果愈能显现其所欲测量内容的真正特征[①]。效度的评估一般有三种模式，包括内容效度（content validity）、效标关联效度（criterion-related validity）和构念效度（construct validity）。在实际操作中，前两者较难实现，而构念效度则有多种实现方法。构念效度是指测量工具能测得一个抽象概念或特质的程度[②]。构念效度亦即结构效度、构想效度、建构效度或理论效度，一般通过测量结果与理论假设相比较来进行检验。

从后文中的表 5－39 可以看出所有非标准化系数具有统计显著性，可见修正模型的整体构念效度比较好。另外，从表 5－41 的数据显示可知模型拟合较好，构念效度较好。

5.2.3　结构方程模型建模

构建如图 5－3 的初始模型。

SEM 模型包括结构模型和测量模型两个部分，如前文中的图 5－2 即为本书变量间的因果关系结构模型。而表 5－4 则为本书的测量模型以及各个测量变量，主要包括 6 个潜在变量的测量模型及相关测量变量。根据 SEM 模型要求，增加潜在变量和测量变量的误差值，同时经过信度检验删除部分测量变量之后，由 AMOS 软件绘制 SEM 图见图 5－3，包括 6 个潜在变量和 29 个测量变量。

5.2.4　模型参数估计与识别

结构方程模型分析的核心是参数估计，因此在这之前首先要对结构方程模型进行识别。一个 SEM 模型必须具有统计与方法上的可识别性，方能使各项估计程序与统计决策过程顺利进行，称之为模型识别（model identification）议题[③]。

---

① 邱皓政.量化研究与统计分析：SPSS 中文视窗版数据分析范例解析[M].重庆：重庆大学出版社，2009：287.

② 邱皓政.量化研究与统计分析：SPSS 中文视窗版数据分析范例解析[M].重庆：重庆大学出版社，2009：289.

③ 邱皓政，林碧芳.结构方程模型的原理与应用[M].北京：中国轻工业出版社，2009：44.

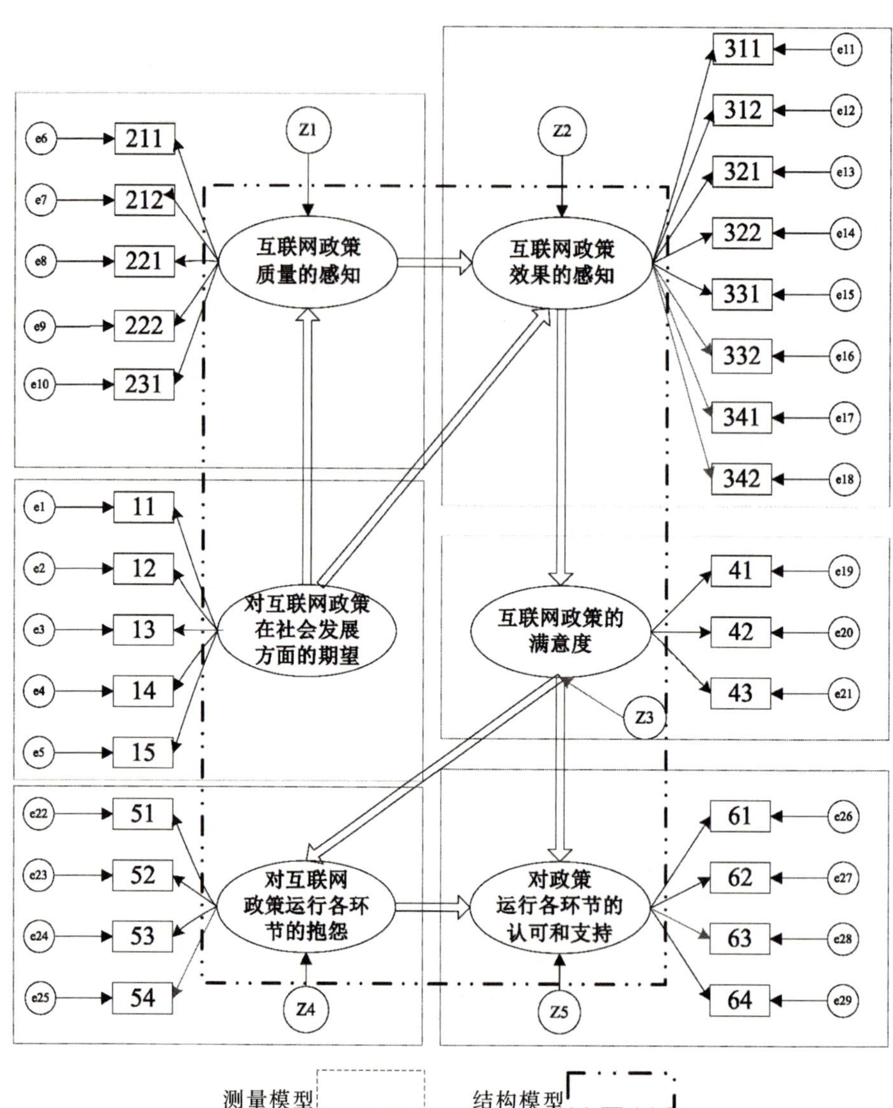

图 5－3 我国互联网政策绩效公民满意度评估初始模型

决定模型识别性的具体步骤首先是计算用以产生共变结构的观测值数目，称为测量数据数（the numbers of data points；*DP*）。测量数据数与样本测量变量矩阵当中的协方差与方差数有关，可利用下式来计算：

$$DP=(p+q)(p+q+1)/2$$

其中 $p+q$ 表示测量变量的个数，其中 p 为外源测量变量的数目，q 为内生测量变量的数目。[①]

Bollen(1989)利用 DP 数与参数估计数目的比较判断模型的识别性，提出了一个衡量识别性的必要但非充分的识别条件计算法则 t 法则(t-Rule)，t 值代表模型中的自由估计参数数目。SEM 模型能够被识别，必须符合下列关系：

$$t \leqslant 1/2(p+q)(p+q+1) = DP$$

t 法则的判断原则如下：

(1) 当 $t < DP$ 时，为过度识别，好比我们有过多的方程式，但是只需要求取少数几个因素解；

(2) 当 $t = DP$ 时，为充分识别，好比我们用两个方程式来求二元因素的解；

(3) 当 $t > DP$ 时，为识别不足，如同以太少的条件求取过多的因素解。在 SEM 的分析中，识别不足的情况将导致无法进行任何参数估计。[②]

根据上述法则来检验本书模型。在本书中，外源测量变量的数目为 5 个，即 p 值为 5；内生测量变量的数目为 29 个(经信度检验后，在原有的 31 个可测变量中删除了 2 个)，即 q 值为 21，测量数据数即 DP 值为 435，待估计参数数目 t 为 64。则模型的自由度 $df=(p+q)(p+q+1)-t$。即当模型的自由度非负的时候，模型就是可识别的。[③] 本模型中自由度为 371，满足模型识别的必要条件。

另外，模型识别还应根据严格的模型界定策略。如果测量模型当中有超过一个以上的潜在变量，每一个潜在变量只要有至少三个测量变量来估计，而每一个测量变量只用以估计单一一个潜在变量(或被单一一个潜在变量所影响)、残差之间没有共变假设且潜在变量的方差被自由估计，此时测

① 邱皓政，林碧芳.结构方程模型的原理与应用[M].北京：中国轻工业出版社，2009:45-46.

② 邱皓政，林碧芳.结构方程模型的原理与应用[M].北京：中国轻工业出版社，2009:46.

③ 杜雯雯，朱涛.我国中青年家庭资产组合的结构方程模型研究[J].海南金融，2012(10).

量模型可以有效被识别①。本书的模型满足上述模型识别条件，因此可以进行下一步的模型参数评估。

5.2.5 参数估计方法选择

本书使用 AMOS 软件进行模型参数评估。在运算方法中使用最大似然估计(Maximum Likelihood)进行模型运算。在参数估计选择时，非标准化系数和标准化系数图示分别见图 5-4 和图 5-5。

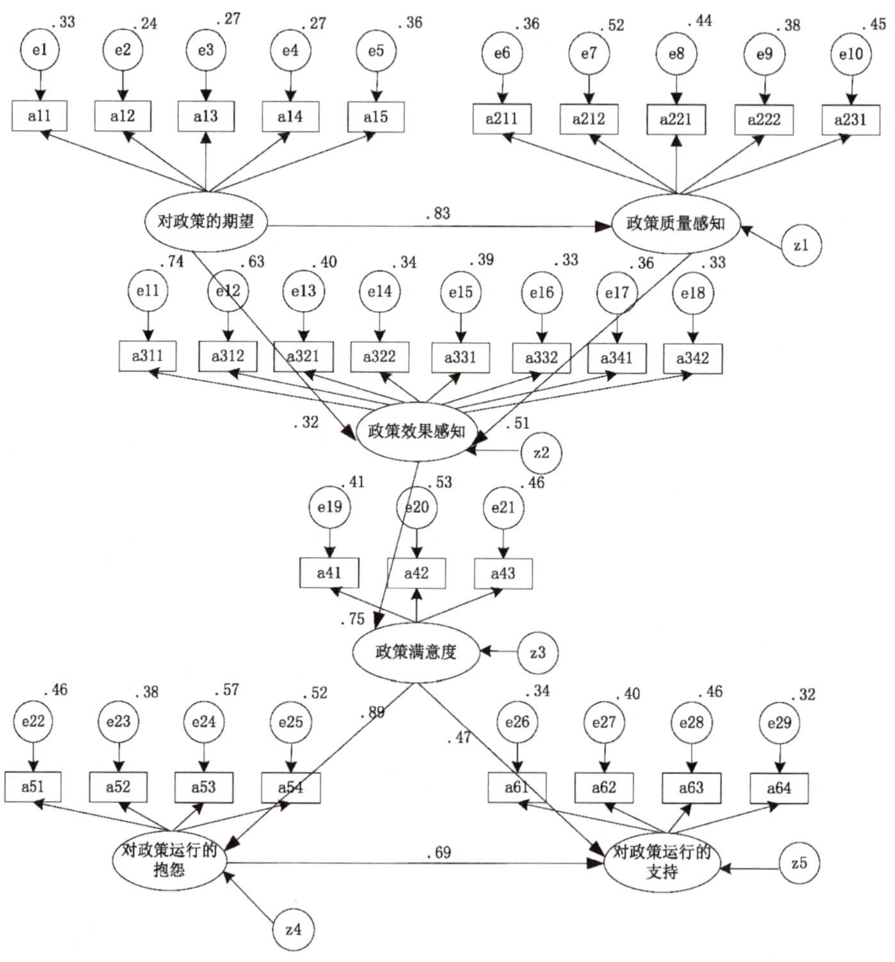

图 5-4 我国互联网政策绩效公民满意度评估初始模型非标准化参数估计结果

① 邱皓政，林碧芳.结构方程模型的原理与应用[M].北京：中国轻工业出版社，2009:49.

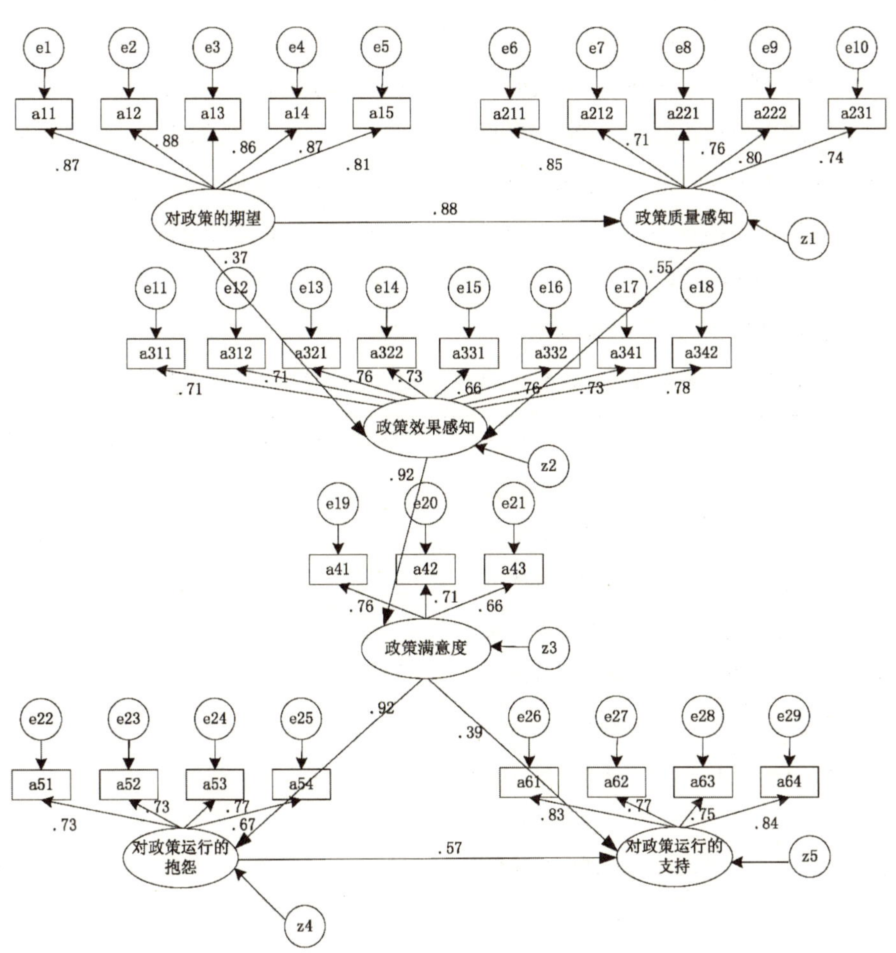

图5-5　我国互联网政策绩效公民满意度评估初始模型标准化参数估计结果

5.2.6　模型评价

1）参数估计结果：路径系数/载荷系数的显著性

利用AMOS软件，将数据输入后得出参数估计结果。首先要考察参数是否具有统计意义，即需要对路径系数或载荷系数进行统计显著性检验，类似回归分析的参数显著性检验，原假设为系数等于0。其中，潜变量与潜变量间的回归系数称为路径系数；潜变量与可测变量间的回归系数称为载荷系数。AMOS提供了*CR*值，即Critical Ratio，是一个*Z*统计量，利用参数估计值与其标准差之比构成，同时还给出了 *CR* 的统计检验相伴概率 *P*，根据 *P* 值对路径系数/载荷系数进行统计显著性检验。

CR 是临界比，是回归系数的估计值除以它的标准差，它与原假设有关。如果处理近似标准正态分布的随机变量，在 0.05 的显著性水平上，临界比估计的绝对值大于 1.96 称之为显著。*P* 值为显著性，如果 *P* 值小于 0.01，则可以认为这个路径系数在 95%的置信度下与 0 存在显著性差异。

2）系数估计结果

利用 AMOS 软件得出的系数估计结果见表 5－25、表 5－26。

表 5－25　我国互联网政策绩效公民满意度评估模型非标准化系数估计

			Estimate	S.E.	C.R.	*P*	Label
政策质量感知	←	对政策的期望	.832	.048	17.298	***	
政策效果感知	←	对政策的期望	.317	.084	3.773	***	
政策效果感知	←	政策质量感知	.509	.095	5.381	***	
政策满意度	←	政策效果感知	.782	.066	11.857	***	
对政策运行的抱怨	←	政策满意度	.893	.075	11.852	***	
对政策运行的支持	←	政策满意度	.466	.197	2.359	.018	
对政策运行的支持	←	对政策运行的抱怨	.693	.210	3.305	***	
a11	←	对政策的期望	1.000				
a12	←	对政策的期望	.900	.038	23.931	***	
a13	←	对政策的期望	.880	.039	22.637	***	
a14	←	对政策的期望	.922	.040	23.226	***	
a15	←	对政策的期望	.838	.042	19.863	***	
a211	←	政策质量感知	1.000				
a212	←	政策质量感知	.776	.055	14.062	***	
a221	←	政策质量感知	.823	.053	15.438	***	
a222	←	政策质量感知	.880	.052	16.825	***	
a231	←	政策质量感知	.788	.053	14.918	***	
a311	←	政策效果感知	1.000				
a312	←	政策效果感知	.936	.078	12.011	***	

（续表）

			Estimate	S.E.	C.R.	*P*	Label
a321	←	政策效果感知	.850	.067	12.715	* * *	
a322	←	政策效果感知	.729	.059	12.338	* * *	
a331	←	政策效果感知	.635	.057	11.103	* * *	
a332	←	政策效果感知	.781	.061	12.813	* * *	
a341	←	政策效果感知	.728	.060	12.210	* * *	
a342	←	政策效果感知	.657	.056	11.790	* * *	
a41	←	政策满意度	1.000				
a42	←	政策满意度	.979	.079	12.395	* * *	
a43	←	政策满意度	.816	.071	11.567	* * *	
a51	←	对政策运行的抱怨	1.000				
a52	←	对政策运行的抱怨	.909	.074	12.207	* * *	
a53	←	对政策运行的抱怨	1.273	.099	12.902	* * *	
a54	←	对政策运行的抱怨	.900	.081	11.140	* * *	
a61	←	对政策运行的支持	1.000				
a62	←	对政策运行的支持	.885	.057	15.525	* * *	
a63	←	对政策运行的支持	.879	.059	14.847	* * *	
a64	←	对政策运行的支持	.985	.057	17.389	* * *	

表 5-26 我国互联网政策绩效公民满意度评估模型标准化系数估计

			Estimate
政策质量感知	←	对政策的期望	.881
政策效果感知	←	对政策的期望	.365
政策效果感知	←	政策质量感知	.554
政策满意度	←	政策效果感知	.919
对政策运行的抱怨	←	政策满意度	.921
对政策运行的支持	←	政策满意度	.392
对政策运行的支持	←	对政策运行的抱怨	.566

（续表）

			Estimate
a11	←	对政策的期望	.866
a12	←	对政策的期望	.880
a13	←	对政策的期望	.861
a14	←	对政策的期望	.870
a15	←	对政策的期望	.812
a211	←	政策质量感知	.845
a212	←	政策质量感知	.712
a221	←	政策质量感知	.760
a222	←	政策质量感知	.805
a231	←	政策质量感知	.742
a311	←	政策效果感知	.710
a312	←	政策效果感知	.715
a321	←	政策效果感知	.757
a322	←	政策效果感知	.734
a331	←	政策效果感知	.661
a332	←	政策效果感知	.763
a341	←	政策效果感知	.727
a342	←	政策效果感知	.702
a41	←	政策满意度	.757
a42	←	政策满意度	.705
a43	←	政策满意度	.663
a51	←	对政策运行的抱怨	.727
a52	←	对政策运行的抱怨	.728
a53	←	对政策运行的抱怨	.769
a54	←	对政策运行的抱怨	.666
a61	←	对政策运行的支持	.832
a62	←	对政策运行的支持	.775
a63	←	对政策运行的支持	.751
a64	←	对政策运行的支持	.837

3）方差估计

利用 AMOS 软件得出的方差估计结果见表 5－27。

表 5－27　我国互联网政策绩效公民满意度评估模型方差估计

	Estimate	S.E.	C.R.	*P*	Label
对政策的期望	1.000				
z1	.200	.033	6.137	* * *	
z2	.152	.027	5.650	* * *	
z3	.085	.019	4.500	* * *	
z4	.077	.023	3.301	* * *	
z5	.089	.023	3.816	* * *	
e1	.333	.033	10.191	* * *	
e2	.236	.024	9.822	* * *	
e3	.271	.026	10.245	* * *	
e4	.273	.027	10.064	* * *	
e5	.363	.033	10.914	* * *	
e6	.357	.037	9.620	* * *	
e7	.522	.047	11.214	* * *	
e8	.441	.041	10.852	* * *	
e9	.376	.036	10.344	* * *	
e10	.451	.041	11.002	* * *	
e11	.740	.065	11.440	* * *	
e12	.630	.055	11.414	* * *	
e13	.404	.036	11.164	* * *	
e14	.341	.030	11.309	* * *	
e15	.391	.034	11.642	* * *	
e16	.330	.030	11.122	* * *	
e17	.355	.031	11.352	* * *	
e18	.335	.029	11.478	* * *	
e19	.407	.038	10.693	* * *	

(续表)

	Estimate	S.E.	C.R.	P	Label
e20	.527	.047	11.119	* * *	
e21	.463	.041	11.369	* * *	
e22	.456	.043	10.704	* * *	
e23	.376	.035	10.697	* * *	
e24	.575	.056	10.197	* * *	
e25	.522	.047	11.193	* * *	
e26	.342	.035	9.787	* * *	
e27	.401	.038	10.641	* * *	
e28	.459	.042	10.878	* * *	
e29	.318	.033	9.678	* * *	

截取表 5－25 和表 5－26 中的非标准化系数和标准化系数中部分数据如表 5－28 和表 5－29 所示，并对本书的假设检验进行汇总。

表 5－28　我国互联网政策绩效公民满意度评估模型部分非标准化系数估计

			Estimate	S.E.	C.R.	P	Label
政策质量感知	←	对政策的期望	.832	.048	17.298	* * *	
政策效果感知	←	对政策的期望	.317	.084	3.773	* * *	
政策效果感知	←	政策质量感知	.509	.095	5.381	* * *	
政策满意度	←	政策效果感知	.782	.066	11.857	* * *	
对政策运行的抱怨	←	政策满意度	.893	.075	11.852	* * *	
对政策运行的支持	←	政策满意度	.466	.197	2.359	.018	
对政策运行的支持	←	对政策运行的抱怨	.693	.210	3.305	* * *	

表 5－29　我国互联网政策绩效公民满意度评估模型部分标准化系数估计

			Estimate
政策质量感知	←	对政策的期望	.881
政策效果感知	←	对政策的期望	.365

（续表）

			Estimate
政策效果感知	←	政策质量感知	.554
政策满意度	←	政策效果感知	.919
对政策运行的抱怨	←	政策满意度	.921
对政策运行的支持	←	政策满意度	.392
对政策运行的支持	←	对政策运行的抱怨	.566

H1：对互联网政策在社会发展方面的期望对互联网政策质量的感知有正向的路径影响。

通过结构方程的路径分析数据发现，模型中对互联网政策在社会发展方面的期望与对互联网政策质量感知，*CR* 值为 17.298，且达到 0.05 的显著水平，标准化路径系数为 0.881，因此假设 1 成立。

H2：对互联网政策在社会发展方面的期望对互联网政策效果的感知有正向的路径影响。

通过结构方程的路径分析数据发现，模型中对互联网政策在社会发展方面的期望与对互联网政策效果感知，*CR* 值为 3.773，且达到 0.05 的显著水平，标准化路径系数为 0.365。因此假设 2 成立。

H3：对互联网政策质量的感知对互联网政策效果的感知有正向的路径影响。

通过结构方程的路径分析数据发现，模型中对互联网政策质量的感知与对互联网政策效果的感知，*CR* 值为 5.381，且达到 0.05 的显著水平，标准化路径系数为 0.554。因此假设 3 成立。

H4：对互联网政策效果的感知对互联网政策的满意度有正向的路径影响。

通过结构方程的路径分析数据发现，模型中对互联网政策效果的感知与对互联网政策的满意度，*CR* 值为 11.857，且达到 0.05 的显著水平，标准化路径系数为 0.919。因此假设 4 成立。

H5：对互联网政策的满意度对互联网政策运行的各个环节的抱怨有正向的路径影响。

通过结构方程的路径分析数据发现，模型中对互联网政策的满意度与对互联网政策运行的各个环节抱怨，*CR* 值为 11.852，且达到 0.05 的显著水平，标准化路径系数为 0.921。因此假设 5 成立。

H6：对互联网政策的满意度对互联网政策运行的各个环节的认可和支持程度有正向的路径影响。

通过结构方程的路径分析数据发现，模型中对互联网政策的满意度与对互联网政策运行的各个环节的认可和支持，*CR* 值为 2.359，且达到 0.05 的显著水平，标准化路径系数为 0.392。因此假设 6 成立。

H7：对互联网政策运行的各个环节的抱怨对互联网政策运行的各个环节的认可和支持程度有正向的路径影响。

通过结构方程的路径分析数据发现，模型中对互联网政策运行各个环节的抱怨与对互联网政策运行各个环节的认可和支持，*CR* 值 3.305，且达到 0.05 的显著水平，标准化路径系数为 0.566。因此假设 7 成立。

5.2.7 模型拟合与修正

模型拟合指数是考察理论结构模型对数据拟合程度的统计指标。不同类别的模型拟合指数可以从模型复杂性、样本大小、相对性与绝对性等方面对理论模型进行度量。

在拟合结果分析中，经 AMOS 软件对初始模型用最大似然法估计后，所得的初始模型运算结果如表 5－30 所示。

表 5－30 我国互联网政策绩效公民满意度评估模型常用拟合指数计算结果

拟合指数	卡方值(自由度)	*P*	X^2/df	*CFI*	*NFI*	*IFI*	*RMSEA*
结果	1191.530(371)	.000	3.212	.855	.804	.856	.086

在各模型拟合数据中，如，X^2/df 值小于 3(Hayduk)[①]，*CFI*、*NFI*、*IFI* 应大于 0.9，越接近 1 越好。*RMSEA* 值小于 0.05 则表示拟合度较好，在 0.05～0.08 间表示拟合度尚可(Browne & Cudeck，1993)。从初始模型的运算结果可以看出本书的初始数据中，*P* 值小于 0.05 水平，应该拒绝模型拟合数据

---

① 彭蕾.结构方程模型之 AMOS 操作与应用[EB/OL].[2013－04－25].http://www.doc88.com/p-499187070540.html.

的原假设。其中,卡方检验中 P 值一般要求大于 0.05,即统计性应该是不显著的,但 $P<0.05$ 也不能就一定说明模型拟合不好。因为卡方值还要受样本规模等影响。本书中 $P<0.05$,达到显著,则模型被拒绝。考虑到卡方检验往往会受到模型的复杂程度和样本数量的影响,比较敏感,尤其是样本数大于 200 时,P 值很难不显著(Takana,1991)。所以,主要还是要看其他的适配度指标。

因此还需要看其他的适配度指标。

如表 5－30 所示,其他各项拟合指数也尚不够理想,因而需根据相关指标进行模型修正。

如,卡方与自由度之比(X^2/df)一般小于 3 可以接受(Hayduk)[①],越小表明拟合度越好。本书中的 X^2/df 值为 3.212,略大于 3,尚不符合标准。

CFI、*IFI* 的数值越大表示拟合度越佳,同时系数值大于 0.90 才可以视为具有理想的拟合度(Hu & Bentler,1999)[②]。表 5－30 中的 *CFI*、*IFI* 的值均小于 0.90,说明拟合度不佳。

根据研究发现,在小样本与大自由度时,对于一个拟合度理想的假设模型,以 *NFI* 指数检验拟合度会有低估的现象(Bearden,Sharma,& Teel,1982)[③]。本书中的 *NFI* 值为 0.804,接近 0.90,略低于 0.90 的标准,属于可以接受的范围。

另外关于 *RMSEA* 值,Hu 与 Bentler(1999)建议 *RMSEA* 指数低于 0.06 可以视为是一个好模型,指数大于 0.10 表示模型不理想(Browne & Cudeck,1993)。McDonald 与 Ho(2002)则建议以 0.05 为良好拟合的门槛,以 0.08 为可接受的模型拟合门槛[④]。本书中 *RMSEA* 为 0.086,也并不理想。

因此,总的来说本书中的初始模型拟合情况尚不佳。

---

① 彭蕾.结构方程模型之 AMOS 操作与应用[EB/OL].[2013－04－25].http://www.doc88.com/p-499187070540.html.

② 邱皓政,林碧芳.结构方程模型的原理与应用[M].北京:中国轻工业出版社,2009:80.

③ 邱皓政,林碧芳.结构方程模型的原理与应用[M].北京:中国轻工业出版社,2009:79－80.

④ 邱皓政,林碧芳.结构方程模型的原理与应用[M].北京:中国轻工业出版社,2009:83.

按照顾客满意度理论，质量感知与满意度有着非常密切的联系。加上实际效果的考虑，因此增加互联网政策质量感知到政策满意度的路径，即增加假设：

H8：对互联网政策质量的感知对互联网政策的满意度有正向的路径影响。

新修正模型见图 5－6。

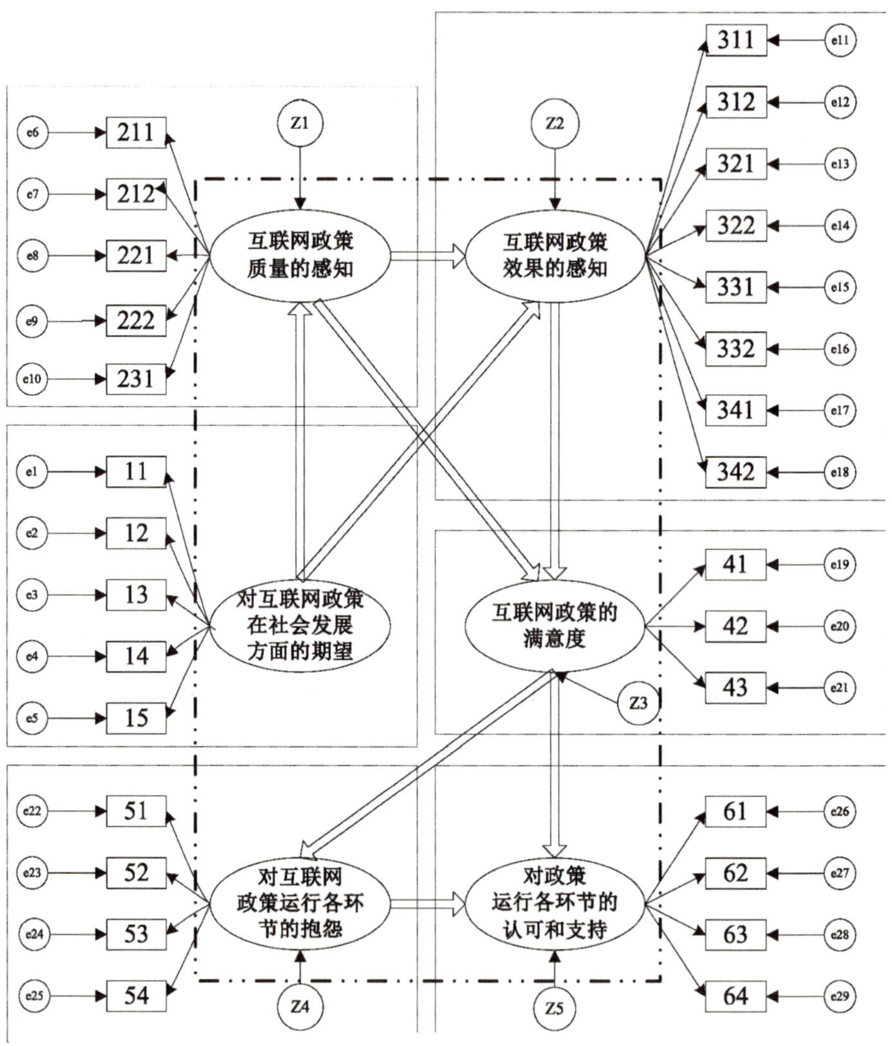

图 5－6　我国互联网政策绩效公民满意度评估修正模型

根据新修改后的模型图，在 AMOS 中运用极大似然估计的部分结果如图 5-7、图 5-8 以及表 5-31、表 5-32、表 5-33 和表 5-34 所示。

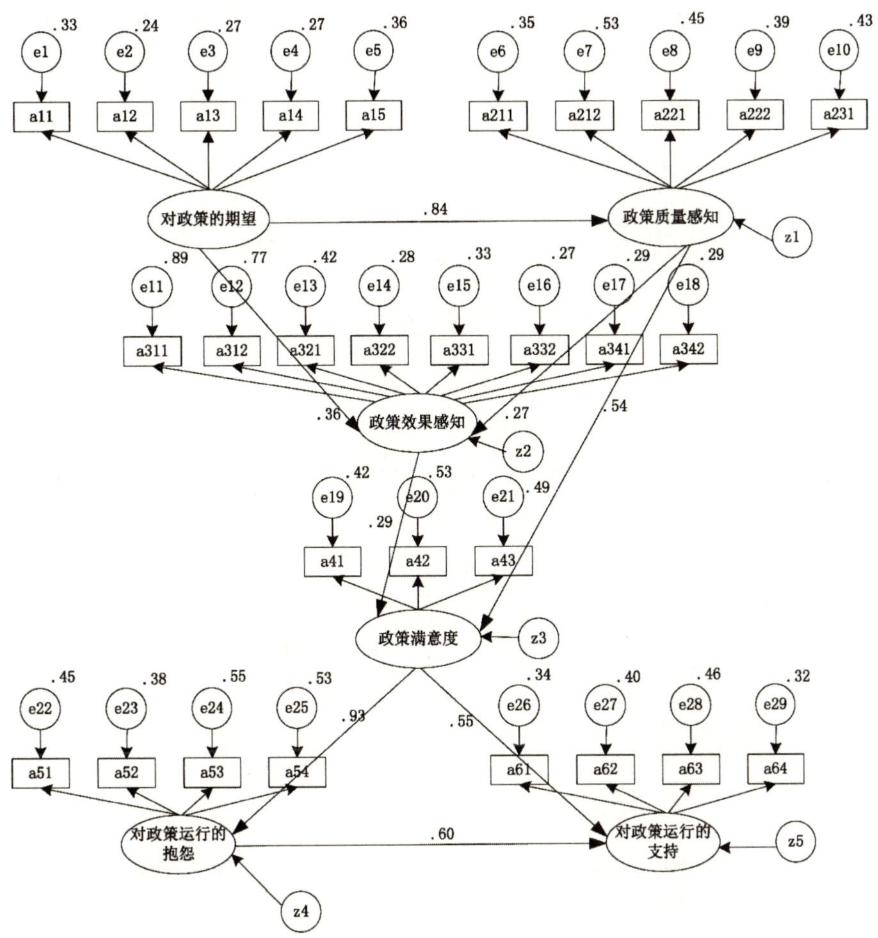

图 5-7　我国互联网政策绩效公民满意度评估修正后模型非标准化参数估计结果

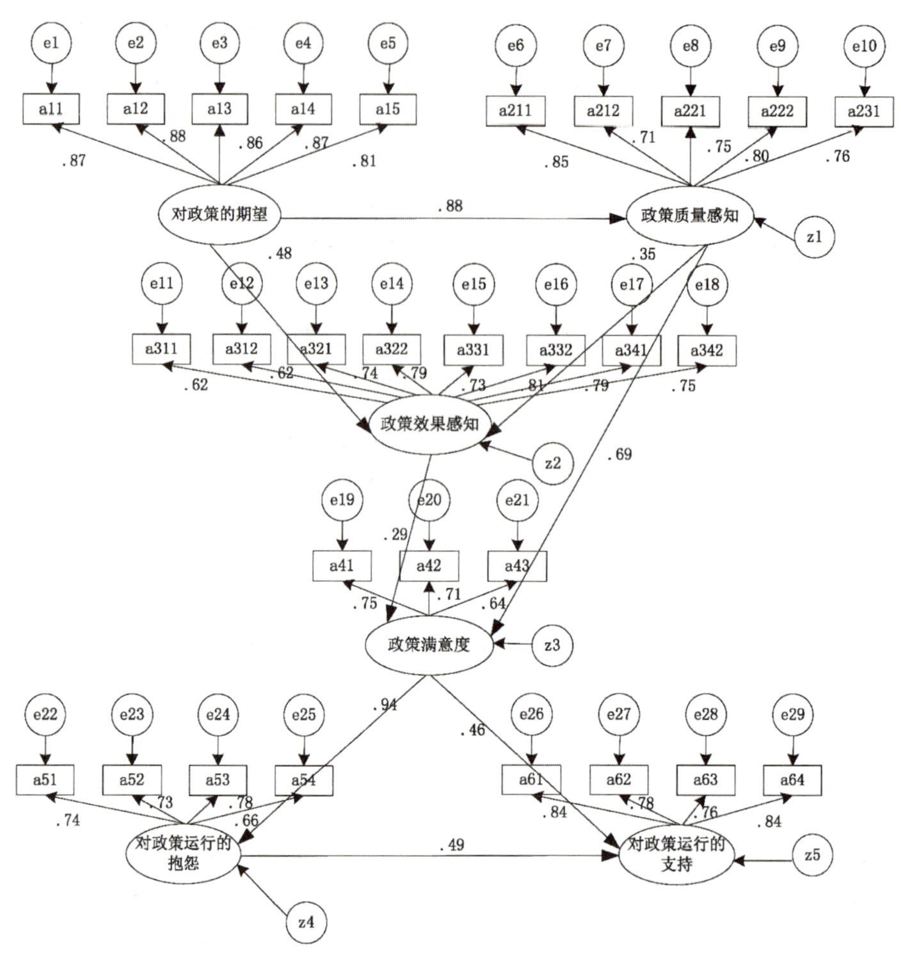

图 5-8 我国互联网政策绩效公民满意度评估修正后的模型标准化参数估计结果

表 5-31 我国互联网政策绩效公民满意度评估修正后模型非标准化系数估计

			Estimate	S.E.	C.R.	*P*	Label
政策质量感知	←	对政策的期望	.837	.048	17.550	* * *	
政策效果感知	←	对政策的期望	.358	.088	4.075	* * *	
政策效果感知	←	政策质量感知	.273	.092	2.959	.003	
政策满意度	←	政策效果感知	.294	.067	4.398	* * *	
政策满意度	←	政策质量感知	.541	.058	9.346	* * *	
对政策运行的抱怨	←	政策满意度	.928	.075	12.329	* * *	

（续表）

			Estimate	S.E.	C.R.	*P*	Label
对政策运行的支持	←	政策满意度	.555	.245	2.266	.023	
对政策运行的支持	←	对政策运行的抱怨	.600	.253	2.377	.017	
a11	←	对政策的期望	1.000				
a12	←	对政策的期望	.900	.038	23.909	* * *	
a13	←	对政策的期望	.880	.039	22.648	* * *	
a14	←	对政策的期望	.922	.040	23.228	* * *	
a15	←	对政策的期望	.838	.042	19.881	* * *	
a211	←	政策质量感知	1.000				
a212	←	政策质量感知	.770	.055	14.118	* * *	
a221	←	政策质量感知	.811	.053	15.386	* * *	
a222	←	政策质量感知	.865	.052	16.719	* * *	
a231	←	政策质量感知	.800	.052	15.452	* * *	
a311	←	政策效果感知	1.000				
a312	←	政策效果感知	.929	.101	9.226	* * *	
a321	←	政策效果感知	.964	.091	10.620	* * *	
a322	←	政策效果感知	.916	.083	11.103	* * *	
a331	←	政策效果感知	.821	.078	10.490	* * *	
a332	←	政策效果感知	.968	.086	11.303	* * *	
a341	←	政策效果感知	.924	.083	11.100	* * *	
a342	←	政策效果感知	.825	.077	10.735	* * *	
a41	←	政策满意度	1.000				
a42	←	政策满意度	.982	.079	12.503	* * *	
a43	←	政策满意度	.794	.070	11.318	* * *	
a51	←	对政策运行的抱怨	1.000				
a52	←	对政策运行的抱怨	.901	.072	12.490	* * *	
a53	←	对政策运行的抱怨	1.284	.095	13.450	* * *	
a54	←	对政策运行的抱怨	.882	.078	11.267	* * *	
a61	←	对政策运行的支持	1.000				
a62	←	对政策运行的支持	.882	.056	15.814	* * *	
a63	←	对政策运行的支持	.876	.058	15.148	* * *	
a64	←	对政策运行的支持	.980	.055	17.699	* * *	

表 5-32 我国互联网政策绩效公民满意度评估修正后的模型标准化系数估计

			Estimate
政策质量感知	←	对政策的期望	.883
政策效果感知	←	对政策的期望	.484
政策效果感知	←	政策质量感知	.349
政策满意度	←	政策效果感知	.294
政策满意度	←	政策质量感知	.692
对政策运行的抱怨	←	政策满意度	.942
对政策运行的支持	←	政策满意度	.462
对政策运行的支持	←	对政策运行的抱怨	.492
a11	←	对政策的期望	.866
a12	←	对政策的期望	.880
a13	←	对政策的期望	.861
a14	←	对政策的期望	.870
a15	←	对政策的期望	.812
a211	←	政策质量感知	.848
a212	←	政策质量感知	.709
a221	←	政策质量感知	.753
a222	←	政策质量感知	.795
a231	←	政策质量感知	.755
a311	←	政策效果感知	.617
a312	←	政策效果感知	.617
a321	←	政策效果感知	.741
a322	←	政策效果感知	.789
a331	←	政策效果感知	.729
a332	←	政策效果感知	.809
a341	←	政策效果感知	.789
a342	←	政策效果感知	.753
a41	←	政策满意度	.754

（续表）

			Estimate
a42	←	政策满意度	.706
a43	←	政策满意度	.645
a51	←	对政策运行的抱怨	.736
a52	←	对政策运行的抱怨	.730
a53	←	对政策运行的抱怨	.783
a54	←	对政策运行的抱怨	.662
a61	←	对政策运行的支持	.838
a62	←	对政策运行的支持	.778
a63	←	对政策运行的支持	.755
a64	←	对政策运行的支持	.839

表 5－33　我国互联网政策绩效公民满意度评估修正后的模型方差估计

	Estimate	S.E.	C.R.	*P*	Label
对政策的期望	1.000				
z1	.198	.031	6.383	* * *	
z2	.190	.035	5.366	* * *	
z3	.065	.016	4.114	* * *	
z4	.060	.021	2.818	.005	
z5	.092	.023	4.056	* * *	
e1	.333	.033	10.197	* * *	
e2	.236	.024	9.842	* * *	
e3	.271	.026	10.252	* * *	
e4	.274	.027	10.073	* * *	
e5	.363	.033	10.917	* * *	
e6	.352	.036	9.815	* * *	
e7	.526	.046	11.329	* * *	
e8	.452	.041	11.043	* * *	

（续表）

	Estimate	S.E.	C.R.	P	Label
e9	.391	.037	10.642	* * *	
e10	.434	.039	11.026	* * *	
e11	.893	.077	11.668	* * *	
e12	.770	.066	11.667	* * *	
e13	.418	.038	11.051	* * *	
e14	.279	.026	10.614	* * *	
e15	.326	.029	11.139	* * *	
e16	.271	.026	10.356	* * *	
e17	.285	.027	10.618	* * *	
e18	.286	.026	10.965	* * *	
e19	.416	.038	10.993	* * *	
e20	.534	.047	11.322	* * *	
e21	.486	.042	11.599	* * *	
e22	.452	.042	10.760	* * *	
e23	.379	.035	10.816	* * *	
e24	.554	.055	10.161	* * *	
e25	.532	.047	11.312	* * *	
e26	.338	.035	9.771	* * *	
e27	.402	.038	10.671	* * *	
e28	.458	.042	10.894	* * *	
e29	.321	.033	9.750	* * *	

表 5－34　我国互联网政策绩效公民满意度评估修正后的模型常用拟合指数计算结果

拟合指数	卡方值(自由度)	*P*	X^2/df	*CFI*	*NFI*	*IFI*	*RMSEA*
结果	1112.241(370)	.000	3.006	.869	.817	.870	.082

由表 5－34 可见，在满足基本假设的前提下，拟合数据有改善。

同时，对于新增假设H8：对互联网政策质量的感知对互联网政策的满意度有正向的路径影响，通过修改后的结构方程路径分析数据发现（见表5-31和表5-32），模型中对互联网政策质量的感知与对互联网政策的满意度，*CR* 值为9.346，且达到0.05的显著水平，标准化路径系数为0.692。因此假设8成立。

接下来考虑是否通过修正指数 *MI* 对模型进行修正。通过AMOS软件输出结果中的 Modification Indices 项可以查看本书模型的修正指数（Modification Index）结果。

可以看到，e11与e12的 *MI* 值最大，为112.166，表明如果增加a311和a312之间的残差相关的路径，则模型的卡方值会减小。从实际来考虑，配套的法律法规完善也有助于政府宏观管理效率的提高，因此考虑增加两者之间的相关性路径。

在AMOS软件中运用极大似然估计运行的部分结果如表5-35所示。

表5-35 我国互联网政策绩效公民满意度评估模型修正 *MI* 指数后常用拟合指数计算结果

拟合指数	卡方值（自由度）	*P*	X^2/df	*CFI*	*NFI*	*IFI*	*RMSEA*
结果	975.492(369)	.000	2.644	.893	.839	.894	.074

同样，在满足所有假设条件的情况下，拟合指数有改善。

可以看到，e8与e9的 *MI* 值较大，为18.896，表明如果增加a221和a222之间的残差相关的路径，则模型的卡方值会减小。从实际来考虑，政策能够促进互联网企业公平竞争与政策利于消除企业经营及产品和服务同质化现象有紧密联系，因此考虑增加两者之间的相关性路径。

在AMOS软件中运用极大似然估计运行的部分结果如表5-36所示。

表5-36 我国互联网政策绩效公民满意度评估模型继续修正 *MI* 指数后常用拟合指数计算结果

拟合指数	卡方值（自由度）	*P*	X^2/df	*CFI*	*NFI*	*IFI*	*RMSEA*
结果	954.912(368)	.000	2.595	.897	.843	.897	.073

同样可见，在满足所有假设条件的情况下，拟合指数进一步改善。

可以看到，e14 与 e15 的 *MI* 值较大，为 16.308，表明如果增加 a322 和 a331 之间的残差相关的路径，则模型的卡方值会减小。从实际来考虑，信息产业的发展与信息流通共享的加速有影响关系，因此考虑增加两者之间的相关性路径。

在 AMOS 软件中运用极大似然估计运行的部分结果如表 5－37 所示。

表 5－37　我国互联网政策绩效公民满意度评估模型继续修正 *MI* 指数后常用拟合指数计算结果

拟合指数	卡方值(自由度)	*P*	X^2/df	*CFI*	*NFI*	*IFI*	*RMSEA*
结果	936.827(367)	.000	2.553	.900	.846	.900	.072

同样可见，在满足所有假设条件的情况下，拟合指数得到改善。

可以看到，e26 与 e27 的 *MI* 值较大，为 10.175，表明如果增加 a61 和 a62 之间的残差相关的路径，则模型的卡方值会减小。从实际来考虑，政府管理互联网的行为在总体上符合公共利益与政策使互联网企业的经营与发展更加具有活力有相互影响关系，因此考虑增加两者之间的相关性路径。

在 AMOS 软件中运用极大似然估计运行的部分结果如表 5－38 所示。

表 5－38　我国互联网政策绩效公民满意度评估模型继续修正 *MI* 指数后常用拟合指数计算结果

拟合指数	卡方值(自由度)	*P*	X^2/df	*CFI*	*NFI*	*IFI*	*RMSEA*
结果	924.680(366)	.000	2.526	.901	.848	.902	.071

同样可见，在满足所有假设条件的情况下，拟合指数得到改善。

可以看到，e17 与 e18 的 *MI* 值较大，为 11.333，表明如果增加 a341 和 a342 之间的残差相关的路径，则模型的卡方值会减小。从实际来考虑，技术创新发展的加速与技术转化应用的推进有相互影响关系，因此考虑增加两者之间的相关性路径。

由上，在考虑 *MI* 值逐步进行修正后的最终结果如图 5－9、图 5－10 和

表 5 - 39、表 5 - 40、表 5 - 41 所示。

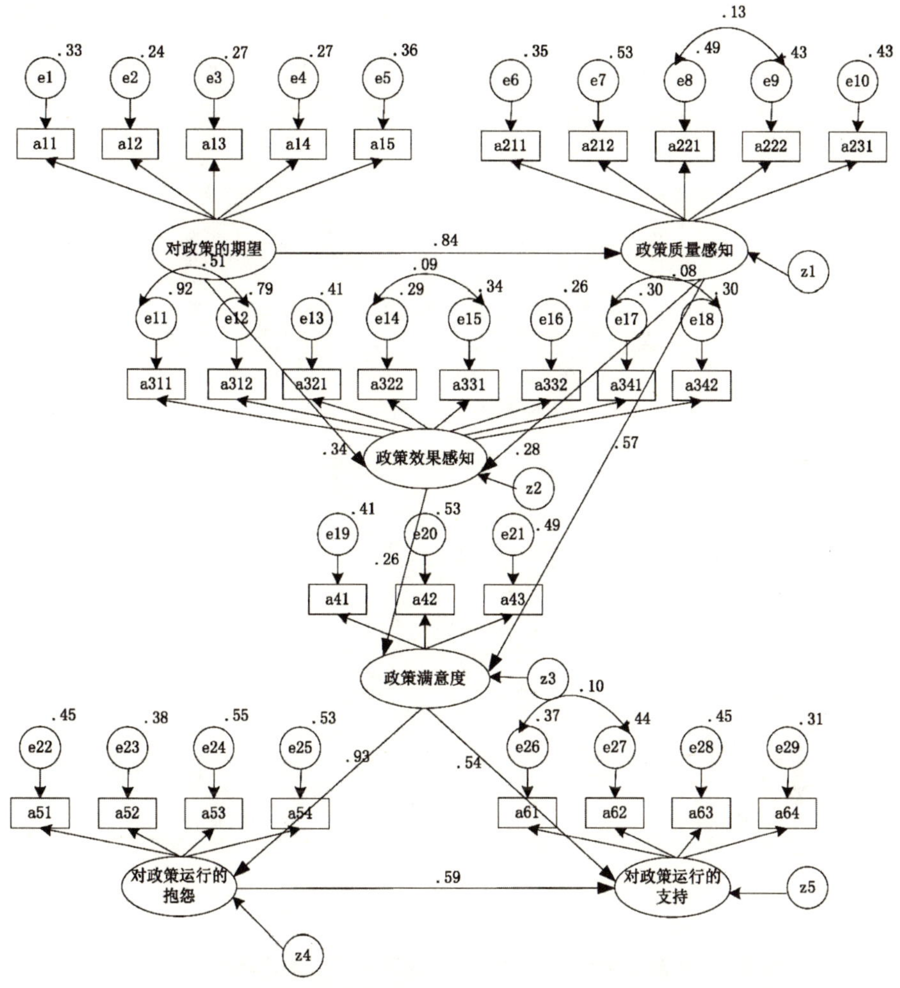

图 5 - 9　我国互联网政策绩效公民满意度评估模型经修正后最终模型非标准化参数估计结果

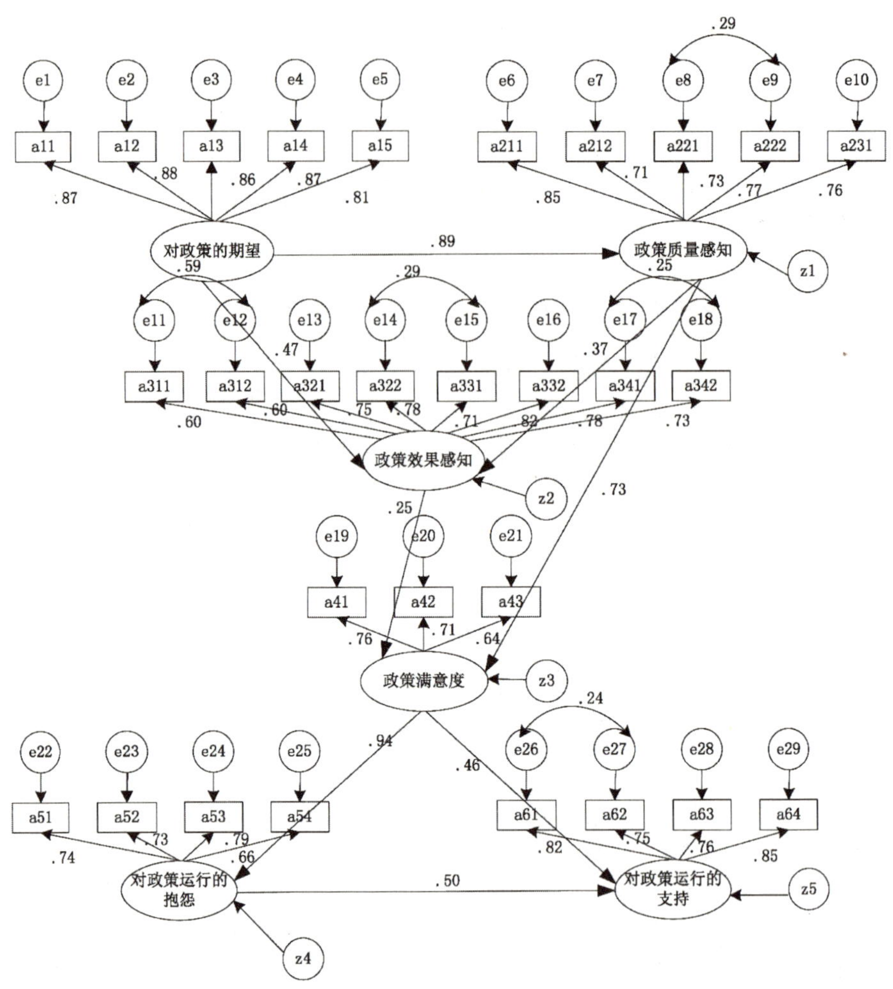

图 5 - 10　我国互联网政策绩效公民满意度评估模型经修正后最终模型标准化参数估计结

表 5 - 39　我国互联网政策绩效公民满意度评估模型经修正后的最终模型非标准化系数估计

			Estimate	S.E.	C.R.	*P*	Label
政策质量感知	←	对政策的期望	.844	.048	17.687	* * *	
政策效果感知	←	对政策的期望	.339	.091	3.732	* * *	
政策效果感知	←	政策质量感知	.278	.096	2.903	.004	
政策满意度	←	政策效果感知	.262	.073	3.593	* * *	
政策满意度	←	政策质量感知	.570	.062	9.217	* * *	

（续表）

			Estimate	S.E.	C.R.	*P*	Label
对政策运行的抱怨	←	政策满意度	.929	.075	12.388	* * *	
对政策运行的支持	←	政策满意度	.539	.242	2.232	.026	
对政策运行的支持	←	对政策运行的抱怨	.593	.249	2.378	.017	
a11	←	对政策的期望	1.000				
a12	←	对政策的期望	.900	.038	23.926	* * *	
a13	←	对政策的期望	.880	.039	22.633	* * *	
a14	←	对政策的期望	.922	.040	23.267	* * *	
a15	←	对政策的期望	.837	.042	19.846	* * *	
a211	←	政策质量感知	1.000				
a212	←	政策质量感知	.768	.055	14.090	* * *	
a221	←	政策质量感知	.779	.054	14.552	* * *	
a222	←	政策质量感知	.836	.052	15.943	* * *	
a231	←	政策质量感知	.807	.052	15.619	* * *	
a311	←	政策效果感知	1.000				
a312	←	政策效果感知	.930	.068	13.760	* * *	
a321	←	政策效果感知	1.004	.098	10.253	* * *	
a322	←	政策效果感知	.934	.089	10.535	* * *	
a331	←	政策效果感知	.823	.083	9.862	* * *	
a332	←	政策效果感知	1.009	.093	10.861	* * *	
a341	←	政策效果感知	.938	.089	10.497	* * *	
a342	←	政策效果感知	.827	.082	10.087	* * *	
a41	←	政策满意度	1.000				
a42	←	政策满意度	.987	.078	12.628	* * *	
a43	←	政策满意度	.789	.070	11.294	* * *	
a51	←	对政策运行的抱怨	1.000				
a52	←	对政策运行的抱怨	.895	.072	12.484	* * *	
a53	←	对政策运行的抱怨	1.288	.095	13.563	* * *	
a54	←	对政策运行的抱怨	.879	.078	11.276	* * *	

（续表）

			Estimate	S.E.	C.R.	*P*	Label
a61	←	对政策运行的支持	1.000				
a62	←	对政策运行的支持	.873	.052	16.724	* * *	
a63	←	对政策运行的支持	.911	.061	14.857	* * *	
a64	←	对政策运行的支持	1.017	.059	17.104	* * *	

表 5－40　我国互联网政策绩效公民满意度评估模型经修正后的最终模型标准化系数估计

			Estimate
政策质量感知	←	对政策的期望	.888
政策效果感知	←	对政策的期望	.471
政策效果感知	←	政策质量感知	.368
政策满意度	←	政策效果感知	.253
政策满意度	←	政策质量感知	.729
对政策运行的抱怨	←	政策满意度	.943
对政策运行的支持	←	政策满意度	.462
对政策运行的支持	←	对政策运行的抱怨	.500
a11	←	对政策的期望	.866
a12	←	对政策的期望	.880
a13	←	对政策的期望	.860
a14	←	对政策的期望	.870
a15	←	对政策的期望	.811
a211	←	政策质量感知	.849
a212	←	政策质量感知	.709
a221	←	政策质量感知	.727
a222	←	政策质量感知	.773
a231	←	政策质量感知	.761
a311	←	政策效果感知	.599
a312	←	政策效果感知	.600

（续表）

			Estimate
a321	←	政策效果感知	.748
a322	←	政策效果感知	.780
a331	←	政策效果感知	.710
a332	←	政策效果感知	.817
a341	←	政策效果感知	.777
a342	←	政策效果感知	.733
a41	←	政策满意度	.756
a42	←	政策满意度	.711
a43	←	政策满意度	.643
a51	←	对政策运行的抱怨	.738
a52	←	对政策运行的抱怨	.728
a53	←	对政策运行的抱怨	.787
a54	←	对政策运行的抱怨	.661
a61	←	对政策运行的支持	.817
a62	←	对政策运行的支持	.752
a63	←	对政策运行的支持	.764
a64	←	对政策运行的支持	.846

表 5－41　我国互联网政策绩效公民满意度评估模型经修正后的最终模型常用拟合指数计算结果

拟合指数	卡方值(自由度)	*P*	X^2/df	*CFI*	*NFI*	*IFI*	*RMSEA*
结果	911.025(365)	.000	2.496	.904	.850	.904	.070

由表 5－41 可见，在满足所有假设条件的情况下，拟合指数有了较大的改善。

其中，X^2/df 值下降，小于 3，属于可接受的标准。*CFI*、*NFI* 与 *IFI* 的值均有上升，*RMSEA* 值有下降。并且，*CFI*、*IFI* 的值均大于 0.9，可以视为具有理想的拟合度(Hu & Bentler,1999)。*RMSEA* 值为 0.070,大于 0.5 而小于 0.8,可以接受。

其他由于缺少更多相应的理论支持,以及如上的拟合结果尚可,说明假设的因果关系相对较好地得到了样本数据的支持。因此本书不再作进一步的修正。

综上所述,通过前面各部分内容的分析阐述和验证,对于我国互联网政策的绩效公民满意度评估进行了定性和定量的研究。可以得出:

对互联网政策在社会发展方面的期望对于互联网政策质量和政策效果的感知分别具有正向的影响作用;

对互联网政策质量的感知则对互联网政策效果的感知也具有正向的影响作用;

并且对互联网政策效果的感知又对互联网政策的满意度具有正向的影响作用;

同时,互联网政策的满意度又对互联网政策运行的各个环节的抱怨和认可、支持分别具有正向的影响作用;

而对互联网政策运行的各个环节的抱怨对互联网政策运行的各个环节的认可和支持程度有正向的影响作用。

初始模型的假设得到了全面验证,并且新增加了互联网政策质量感知对政策满意度具有正向影响作用的验证。

按影响程度的大小来看,在修正后模型中,①互联网政策的满意度对互联网政策运行各环节抱怨的影响最显著;其次是②政策期望对政策质量感知的影响;再次是③政策质量感知对政策满意度的影响(此为模型修正后新增);然后是④对政策运行各环节的抱怨对政策运行各环节的认可和支持程度的影响;⑤接着是政策期望对政策效果感知的影响;再然后是⑥政策满意度对于政策运行各环节的认可和支持程度的影响;⑦政策质量的感知对政策效果的感知影响并不显著;⑧政策效果感知对于政策满意度的影响最不显著。

各变量影响路径及影响力大小关系图如图 5 - 11 所示。其中,路径模型为经过修正之后的新模型。箭头方向表示影响的方向指向,连线上的数字

1～8 代表箭头连接的两变量间的影响程度从最大到最小进行排序。

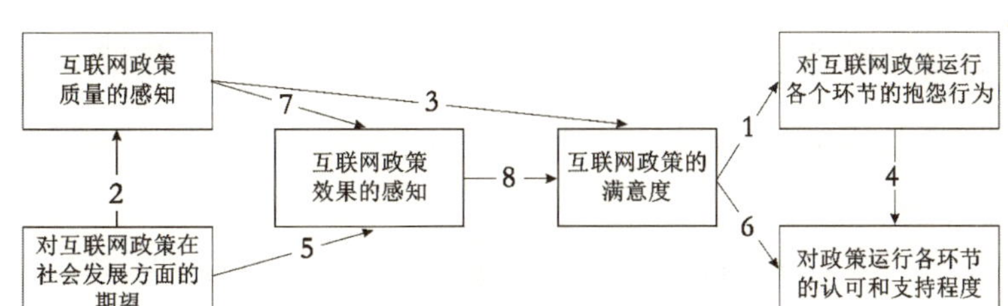

图 5 - 11　修正后的模型及其基本路径假设结果

综上,本书所验证的 SME 模型以一定的理论,即法律绩效的公民满意度评估模型为基础,在经由文献整理、概念厘定以及假设的推理之后提出了一个有待验证的我国互联网政策规范公民满意度模型。这符合 SEM 模型分析的初衷。通过对该模型运用 SPSS 和 AMOS 软件进行分析、检验以及模型的逐步修正过程,有效地验证了假设,并提出了具有数据和理论支持的新结论。

在通过对该模型的验证性分析之后,从模型标准化解的结果可以看出,度量模型中潜变量的大部分指标的可靠性还是比较高的。从初始模型到经过逐步的修正,模型及其最终结果在整体上体现了一定的稳定性和一致性,较有力地支持了本书的假设。

5.3　构建我国互联网社会进步综合绩效公民满意度评估模型

5.3.1　我国互联网治理社会进步综合绩效统筹

我国互联网治理的根本目的在于社会进步,构建我国互联网社会进步综合绩效公民满意度评估模型,主要建立在对互联网政策绩效满意度评估的基础之上。

通过对互联网政策绩效评估调研的分析,将其内容扩展到更为广阔的社会领域,全面考察公民对于互联网在社会、文化、产业以及个人等方面的需求和反馈,以及对于其在政治、经济、文化、技术、民主进步等方面作用的感知,从公共利益和社会效果等多方面进行考察,从而创建我国的互联网社会进步综合绩效公民满意度评估模型。

5.3.2 我国互联网社会进步综合绩效公民满意度评估模型

对于我国互联网社会进步综合绩效公民满意度评估模型，主要包括以下各部分内容：

①以公众对于互联网政策在社会领域各方面的期望为意愿表达，包含了公众在社会政治、经济、文化、产业发展、技术进步以及个人成长等多个方面的内容；

②以公众对于互联网政策的质量感知为基础，主要从政治、经济以及社会需求的满足程度等方面进行考察，这是政策内容所体现的实际内涵；

③以公众对于互联网政策的效果感知为实施后的结果显示/反馈，主要体现大众对于政策实践的感受以及反映政策的落实情况；

④其最终的目的，即落脚点在于互联网政策的社会满意度，综合以上诸方面的考察来看政策制定以及实施后的公众满意度如何，主要通过对于政策的满意度、信任度以及公民期望与现实的差距来进行揭示；

另外，对于互联网政策的社会满意度，还体现在互联网用户正反两个方面的反应，即⑤用户对于互联网政策运行各个方面的抱怨，例如政策的全面程度、可操作性如何、监督机制健全与否以及公众参与情况如何等；

还有⑥用户对互联网政策运行各个方面的认可和支持，包括对于公共利益的达成、企业是否具有活力、监督约束情况以及宣传效果等。

综合以上，建立模型如图 5－12 所示。

结合之前的研究分析及其结果可以得出，在今后的政策调研和制定过程中：

首先，要提升对政策的满意度，必须强化对于政策质量的重视。而政策质量的提高和稳定，要建立在充分了解社会大众的政策需求和期待的基础上。在知其所需的前提下进行政策的制定和实施更有利于实现互联网政策质量的提升和有助于效果的达到。

其次，要关注对政策颁布和实行后反馈信息的收集。因为这不仅仅是单纯政策满意度的调查和获取，它更直接反映和影响着政策运行中人们的抱怨以及支持和认可这两大方面。在知晓满意度的同时，要区分群众抱怨

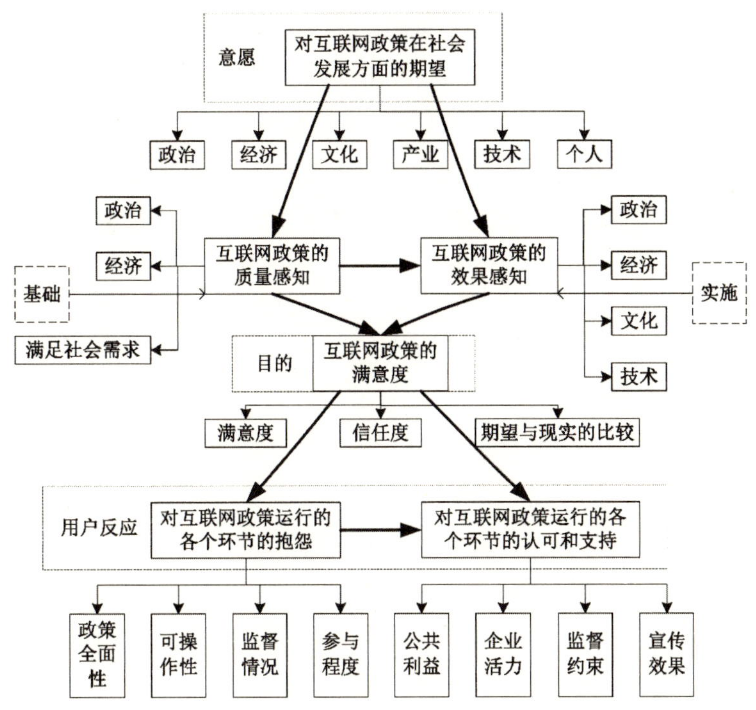

图 5－12　我国互联网社会进步综合绩效公民满意度评估模型

地方以及满意的部分，从正反两个方面着手才能进一步提高对于政策失误的规避和内容的提升，从而在整体上实现政策的社会满意最大化。

另外，本书也揭示出大众对于决策参与的期待以及较强的参与意识。在对互联网政策在社会发展方面的期望对政策质量的感知方面，表现出了较强以及相对稳定的影响关系。这说明大众对于政策在有较大的期待的情况下，更加倾向于对政策质量的关注。因此，需要在今后的决策进行过程中更多地强化公众参与，也将更有助于政策反映和体现公众需求。

同时，还要关注对政策质量感知和对政策效果感知的影响关系。对于互联网的法律、法规以及政策的制定，要在充分考虑到保障政策质量的前提下，充分重视对于政策实施的有效监督和切实执行，使其在有法可依的同时，做到有法必依、执法必严、违法必究，真正实现达到颁布政策的目的和效果，连通政策质量和效果的双向一致性。

并且，本书在对初始模型进行修正时，借鉴顾客满意度理论，在模型中增加了互联网政策质量感知到政策满意度的路径。在之后的模型检验中证明了这一路径具有较大的相关性。因此,在考虑政策满意度的时候,不仅要看政策所直接体现出来的效果的影响(如对互联网政策效果的感知对互联网政策满意度的正向影响,已在文中验证),更要注重政策本身的质量高低。在源头政策制定阶段把好关,就能为政策实施后的社会满意打下良好的基础。

第6章　我国互联网信息传播的PEST外部协同治理机制

对于我国互联网信息传播的治理，本书旨在最终建立起一个以PEST四维目标为导向的外部协同治理机制，这是一项系统性和综合性比较强的工作。

经由前文的内容，通过基于文本书和社会调研相结合的对我国互联网政策系统性的分析，建立起我国互联网治理的四维目标政策系统协同推进机制；再通过对于我国互联网政策绩效公民满意度的调研分析，创建了我国互联网治理的社会进步综合绩效评估机制。

在本章节中，本书将首先通过对我国互联网用户网络使用行为的分析研究，揭示用户的实际需求和对于互联网需治理内容的诉求，再结合之前的四维目标政策系统协同推进机制和互联网社会进步综合绩效评估机制两大作用机制，创建我国互联网信息传播的PEST外部协同治理机制。

6.1　我国互联网用户网络使用行为的调查以及分析研究

互联网用户的使用行为会直接或者间接地影响互联网环境本身，因此从规范互联网行为的政策文本——互联网治理的相关政策入手进行研究，将有助于从源头上对互联网政策内容的制定和效果的验证进行更加有针对性地有效分析。

为此，本书从计划行为理论着手，通过基于该理论的社会调研，结合我国当前互联网政策内容和实施现状，拟对互联网用户的网络使用行为态度、主管规范和控制认知进行揭示。

计划行为理论（Theory of Planed Behavior，简称TPB）是由Ajzen（1985）所提出。该理论是由Fishbein & Ajzen于1975年所提出的理性行为

理论(Theory of Reasoned Action,简称TRA)演变而来。理性行为理论主要用来预测和了解人类的行为。

根据TPB理论,人的行为模式受到三个内在因素的影响:个人行为态度(Behaviroal beliefs),指个人对自己行为可能出现的结果的一种看法和观点;主观性规范(Normative beliefs),指对他人的标准化行为模式的主管性感知;行为控制认知(Control beliefs),指对于促进或阻碍行为效果的相关因素的认知。Ajzen的计划行为理论包含五个要素:态度(Attitude)、主观规范(Subjective Norm)、知觉行为控制(Peceived BehaviorControl)、行为意向(Behavior intention)和行为(Behavior)①。

由于该理论具有相对比较好的解释和预测作用,结合上述理论内容,本书将其用于用户使用互联网的这一社会行为。通过基于计划行为理论的五大因素设计社会调研问卷,建立起我国互联网用户行为的使用模型,并从中发现这一行为的相关影响因素,如法律规范、道德约束、个人感知,包括政治、经济、社会、文化等在内的环境影响等等。更进一步地,在发掘计划行为理论对于网民行为的解释和预测功能的基础上,立足本书的研究文本,揭示该理论的干预功能,以强化本书的理论性和在实践中的应用性②。

在计划行为理论中,行为意向(Behavior intention,简称BI)受到态度(Attitude,简称A)、主观规范(Subjective Norm,简称SN)、知觉行为控制(Peceived BehaviorControl,简称PBC)三个因素的影响,而行为意向(BI)则间接影响着个人采取的实际行动的行为(Behavior,简称B)③。

TPB认为,个体的行为意向是预测行为的最佳变量,个体对某一行为的意向与从事该行为之间强相关④。

---

① 王静,杨屹,傅灵菲,顾沈兵.计划行为理论概述[J].健康教育与健康促进,2011(04).

② 王静,杨屹,傅灵菲,顾沈兵.计划行为理论概述[J].健康教育与健康促进,2011(04).

③ 王静,杨屹,傅灵菲,顾沈兵.计划行为理论概述[J].健康教育与健康促进,2011(04).

刘宇伟.计划行为理论和中国消费者绿色消费行为[J].中国流通经济,2008(08).

④ 赵建欣,张忠根.基于计划行为理论的农户安全农产品供给机理探析[J].财贸研究,2007(06).

由此，可以得出互联网用户成熟理性地使用互联网的行为源自其成熟理性使用互联网的意向，而后者又有互联网用户的行为态度、主观规范和控制认知构成，见图 6－1。

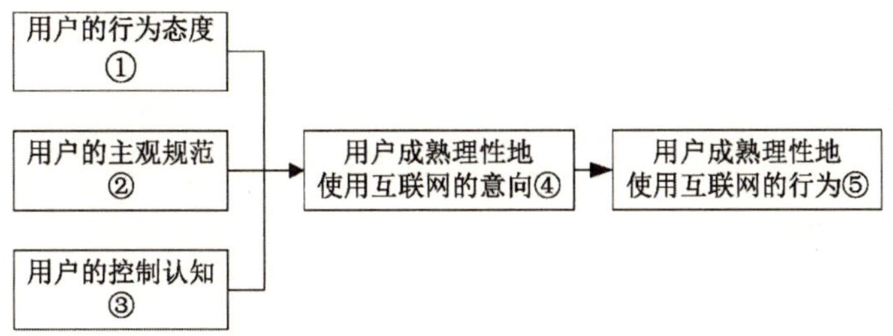

图 6－1　基于计划行为理论的互联网用户网络使用行为分析图示

6.1.1　我国互联网用户网络使用行为方案设计与实施

针对我国现有的规范互联网的政策文本以及结合互联网用户的网络使用情况调查，本调研将主要涉及五个方面的内容，即互联网用户的①态度(A)、②主观规范(SN)、③知觉行为控制(PBC)、④行为意向(BI)和⑤行为(B)。

在问卷的具体设计方面：

对于①态度(A)问题，主要从互联网用户对于政策内容的肯定或否定，以及积极或消极态度等方面进行考量；

对于②主观规范(SN)，则从制度因素入手，即本书主要采用的法律法规等政策文本内容提取问题，同时考虑到如道德规范、文化因素以及意识形态等的影响方面，从而提炼出相关的制度环境因素；

对于③知觉行为控制(PBC)，主要从社会舆论以及用户个人因素两方面来考量。前者是社会舆论这一大环境的影响作用，后者重在强调用户个人的素养、能力等。

而以上①态度(A)、②主观规范(SN)和③知觉行为控制(PBC)三方面内容的综合，则构成对用户④行为意向(BI)方面的分析；

最后一个方面⑤行为(B)，主要通过具体的涉及互联网用户实际行为的问题来考察①。

因此以上五个方面的进一步分解图如图 6－2 所示。

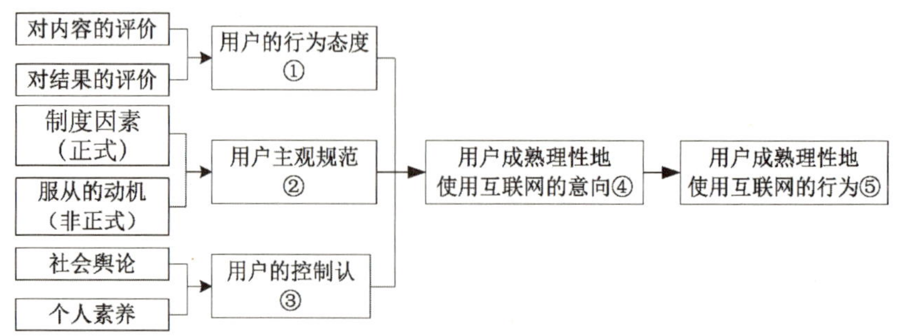

图 6－2 我国互联网用户网络使用行为具体分解图

在具体的问卷设计中，则将调研的主要问题分解为以下几个方面：①用户态度、②制度环境、③社会舆论、④用户素养以及⑤用户实际行为（倾向）五个部分。需要说明的一点是，关于用户的实际行为部分，本书在实际操作中使用“行为（倾向）”用以更准确地揭示用户的行为方式②。

6.1.2 基本的假设路径

根据计划行为理论，假设：

H1：网络用户的行为态度与其成熟理性地使用网络的意向正向相关；

H2：网络用户的主观规范与其成熟理性地使用网络的意向正向相关；

H3：网络用户的控制认知与其成熟理性地使用网络的意向正向相关；

H4：网络用户的网络使用意向与实际使用行为正向相关。

6.1.3 潜变量和可测变量的设定

该项变量的设定见表 6－1。

① 赵建欣，张忠根.基于计划行为理论的农户安全农产品供给机理探析[J].财贸研究，2007(06).

② 苏秦，李钊，崔艳武，陈婷.网络消费者行为影响因素分析及实证研究[J].系统工程，2007(02).

表 6－1　我国互联网用户网络使用行为模型变量对应表

潜在变量	可测变量
1. 用户的行为态度	A1.1 应该重视和支持对网络安全技术的研究和开发
	A1.2 应该打击利用互联网建立淫秽网站、提供淫秽站点链接
	A1.3 互联网经营者应加强自律
	A2.1 互联网对自然灾害、事故灾难、公共事件等能够起到如预防、监测、预警、应急处置、救援和事后恢复等作用
	A2.2 在突发事件中不应编造并传播有关事态发展的虚假信息
	A2.3 提高农村互联网普及应用水平，有利于缩小城乡差距
2. 用户的主观规范	SN1.1 当前我国互联网著作权受保护的程度很高
	SN1.2 当前我国政府信息公开制度很完善
	SN2.1 支持建立网站用户实名登记制度
	SN2.2 收到垃圾邮件或手机垃圾短信后会向服务商或有关部门举报
3. 用户的控制认知	PBC1.1 应加强全民互联网法制宣传教育工作
	PBC1.2 应充分利用互联网平台传播法律知识弘扬法治精神
	PBC2.1 加强网络安全教育很有必要
4. 用户成熟理性地使用互联网的意向	BI1.1 网站不应为追求轰动效应和点击率而传播虚假新闻、色情图片等
	BI1.2 网游经营应遵纪守法，坚持社会效益优先，保护网游用户合法权益
	BI1.3 政府整治手机淫秽色情专项工作有利于电信业促进经济和社会发展
	BI1.4 当遭遇网络侵权时，会考虑使用法律手段保护自己的合法权益
5. 用户成熟理性地使用互联网的行为	B1.1 网络不良信息(如色情、暴力、欺诈等)会危害未成年人身心健康
	B1.2 需要用技术手段对网络内容分级，防止未成年人接触网络色情
	B1.3 网游经营单位应限制未成年人的游戏时间
	B1.4 支持互联网营业场所不得接纳未成年人进入

（续表）

互联网使用基本情况：
1. 最常从哪种渠道获取我国的政府信息公开内容
2. 您上网时经常在不知情的情况下被安装流氓软件
3. 各通信管理局需要对哪类网站经营行为和BBS内容等进行监管
4. 通过手机等移动通讯终端收到色情及低俗电子信息后常常会继续转发
5. 在使用互联网电子邮件时常常收到垃圾邮件
6. 经常在网站上输入自己的个人信息（如手机、邮箱、生日、年龄等）
7. 在使用公共无线网络时会注意网络的加密设置情况

6.1.4 关于我国互联网用户使用行为的数据收集

本次问卷调研的对象为所有可以接触互联网并在日常生活中经常使用的网络用户。调查主要采用网络分发的方式进行。调研问卷内容包括5个潜在变量，28项可测指标，以及6个人口变量，采用Likert五级量表进行调查。采用的5级态度是：非常同意、同意、无所谓（不确定）、不同意和非常不同意，相应赋值分别为1、2、3、4、5。

关于问卷的回收和缺失值的处理：本次调查共发放问卷412份，收回有效样本386份。其中，对于缺失值的处理主要采用表列删除法，即在每份回收的问卷记录中，只要存在一项缺失，即删除该记录，最终得到有效数据386份。本书基于这386份有效问卷进行数据分析。

6.1.5 我国互联网用户使用行为的描述性统计

6.1.5.1 样本人口统计特征

1）性别

样本人口统计性别特征如表6－2所示。

表6－2 样本人口统计特征：性别百分比

		频率	百分比（%）	有效百分比（%）	累积百分比（%）
有效	男性	165	42.7	42.7	42.7
	女性	221	57.3	57.3	100.0
	合计	386	100.0	100.0	

从表 6－2 中可以看出，被调查的 386 人中，男性为 165 人，占总人数的 42.7%；女性为 221 人，占总人数的百分比为 57.3%。

2）年龄

样本人口统计年龄特征如表 6－3 所示。

表 6－3　样本人口统计特征：年龄百分比

		频率	百分比(%)	有效百分比(%)	累积百分比(%)
有效	小于 18 岁	3	.8	.8	.8
	18～20 岁	76	19.7	19.7	20.5
	21～25 岁	57	14.8	14.8	35.2
	26～30 岁	132	34.2	34.2	69.4
	31～35 岁	72	18.7	18.7	88.1
	36～40 岁	28	7.3	7.3	95.3
	41～45 岁	12	3.1	3.1	98.4
	46～50 岁	6	1.6	1.6	100.0
	合计	386	100.0	100.0	

在年龄分布上，26～30 岁之间的所占比例最大，为 34.2%；其次是 18～20 岁之间的，为 19.7%；然后是 31～35 岁之间的，为 18.7%；再次是 21～25 岁之间的，为 14.8%。其他如 36～40 岁之间、41～45 岁之间、46～50 岁之间以及不足 18 岁的被调查者比例均不足 10%。可见，互联网用户主要集中于 18～35 岁之间的年龄段，这也与本书上一个调查大致吻合。

3）学历

样本人口统计学历特征如表 6－4 所示。

表 6－4　样本人口统计特征：学历百分比

		频率	百分比(%)	有效百分比(%)	累积百分比(%)
有效	初中及以下	3	.8	.8	.8
	高中(含中专/技校)	25	6.5	6.5	7.3
	大专	58	15.0	15.0	22.3
	本科	238	61.7	61.7	83.9

（续表）

		频率	百分比(%)	有效百分比(%)	累积百分比(%)
有效	研究生及以上	62	16.1	16.1	100.0
	合计	386	100.0	100.0	

在受教育程度方面，61.7%的被调查者是本科学历，其次是研究生及以上，为 16.1%；然后是大专学历，为 15.0%。高中(含中专/技校)为 6.5%，初中及以下的比例最低，为 0.8%，不足样本数的百分之一。从某种程度上反映出互联网用户具有高学历的特征。

4）月收入

样本人口统计月收入特征如表 6－5 所示。

表 6－5　样本人口统计特征：月收入百分比

		频率	百分比(%)	有效百分比(%)	累积百分比(%)
有效	＜1 000 元	87	22.5	22.5	22.5
	1 000～2 999 元	74	19.2	19.2	41.7
	3 000～4 999 元	86	22.3	22.3	64.0
	5 000～6 999 元	52	13.5	13.5	77.5
	7 000～8 999 元	49	12.7	12.7	90.2
	9 000 元及以上	38	9.8	9.8	100.0
	合计	386	100.0	100.0	

在月收入方面，22.5%的被调查者低于 1 000 元；其次是 3 000～4999 元，比例为 22.3%；然后是 1 000～2 999 元，所占比例为 19.2%；再次是5 000～6 999 元之间的为 13.5%；接着是 7 000～8 999 元，为 12.7%。9 000 元以上的为 9.8%，不足总数的十分之一。

5）职业

样本人口统计职业特征如表 6－6 所示。

表 6－6 样本人口统计特征:职业百分比

		频率	百分比(%)	有效百分比(%)	累积百分比(%)
有效	各类专业技术人员	70	18.1	18.1	18.1
	国家机关工作人员	27	7.0	7.0	25.1
	企业管理层	100	25.9	25.9	51.0
	生产一线员工	25	6.5	6.5	57.5
	私营企业主	5	1.3	1.3	58.8
	个体工商户	10	2.6	2.6	61.4
	自由职业者	16	4.1	4.1	65.5
	教师	16	4.1	4.1	69.7
	学生	108	28.0	28.0	97.7
	失业人员	1	.3	.3	97.9
	其他	8	2.1	2.1	100.0
	合计	386	100.0	100.0	

从表 6－6 中可以看出,占比例最大的为学生,百分比为 28.0%,这与之前的收入等数据相吻合。其次是企业管理层,为 25.9%。然后是各类专业技术人员,比例为 18.1%。其他各类均低于 10%。

6) 所在地区

样本人口统计所在地特征如表 6－7 所示。

表 6－7　用户当前所在的城市或地区统计百分比

		频率	百分比(%)	有效百分比(%)	累积百分比(%)
有效	北京	18	4.7	4.7	4.7
	上海	74	19.2	19.2	23.8
	浙江	98	25.4	25.4	49.2
	广东	63	16.3	16.3	65.5
	其他	8	2.1	2.1	67.6
	山东	22	5.7	5.7	73.3
	江苏	13	3.4	3.4	76.7
	青海	1	.3	.3	76.9

（续表）

		频率	百分比(%)	有效百分比(%)	累积百分比(%)
有效	天津	6	1.6	1.6	78.5
	重庆	3	.8	.8	79.3
	河北	9	2.3	2.3	81.6
	山西	1	.3	.3	81.9
	内蒙古	1	.3	.3	82.1
	辽宁	6	1.6	1.6	83.7
	吉林	2	.5	.5	84.2
	黑龙江	4	1.0	1.0	85.2
	安徽	8	2.1	2.1	87.3
	福建	6	1.6	1.6	88.9
	江西	2	.5	.5	89.4
	河南	8	2.1	2.1	91.5
	湖北	5	1.3	1.3	92.7
	湖南	6	1.6	1.6	94.3
	广西	5	1.3	1.3	95.6
	海南	1	.3	.3	95.9
	四川	6	1.6	1.6	97.4
	云南	4	1.0	1.0	98.4
	陕西	4	1.0	1.0	99.5
	港澳台	2	.5	.5	100.0
	合计	386	100.0	100.0	

以上数据，反映出在浙江的比例为 25.4%，上海的为 19.2%，相对较多。这主要与本书分发问卷的区域相关，与发放问卷情况相符。其他地区有涉及，但并非普遍分发。

6.1.5.2 互联网基本使用概况调查

对于网络用户的互联网基本使用概况调查，总的来说主要分为两个方面：

一是个人行为方面，即从用户个人的互联网基本使用情况角度来考察。具体地细分为，如用户最常获取我国政府信息公开内容的渠道、通过移动通信终端收到低俗电子信息后的行为举动、平时上网时的个人信息保护意识以及在公共场所使用无线网络时的安全意识等方面。

另一个是社会管理方面，即主要从对于互联网的社会管理角度来考察。具体主要通过如网民对网络上流氓软件的治理现状、对网站经营行为和 BBS 内容的监管情况以及对于互联网垃圾邮件的应对等实际情况的现状描述和意愿表达等来进行直接反映，从而达到侧面说明的目的。

1）个人行为方面

个人行为方面的调查统计数据可参考 6－8、表 6－9、表 6－10、表 6－11。

表 6－8　对用户“最常从以下哪种渠道获取我国的政府信息公开内容”的统计分析

		频率	百分比（%）	有效百分比（%）	累积百分比（%）
有效	政府网站	118	30.6	30.6	30.6
	综合性门户网站	178	46.1	46.1	76.7
	新闻发布会	12	3.1	3.1	79.8
	报刊	40	10.4	10.4	90.2
	广播	1	.3	.3	90.4
	电视	32	8.3	8.3	98.7
	其他如微博等社交媒体	5	1.3	1.3	100.0
	合计	386	100.0	100.0	

调查显示，对于被调查者而言获取我国政府信息公开内容最多的还是通过综合性门户网站，百分比为 46.1%；其次是政府网站，为 30.6%；再次是报刊，为 10.4%；然后是电视，为 8.3%。这几项的比例合计为 96.9%，其他渠道所占比重非常小。

因此，可见对于政府信息而言，大型门户网站是用户获取信息内容的主要途径。而政府网站所占比重也较大，说明电子政务开始为受众所重视，成为网民取得政府信息的主要途径之一。而报刊和电视这些所谓的传统媒体也占据相当的比例，也是网民获取政府公开信息的重要渠道。相反，政府新闻发布会比例不大，一方面反映出发布会数量和传播途径可能存在不足，另一方面也说明网络信息的发达。另外，网络社交媒体在其中作用不是很大，表现出对于政府信息等这一类官方或者正式信息，网民更希望从权威媒体

(比如门户网站、政府网站、报刊或者电视等)来获取。

表 6-9 对用户“通过手机等移动通信终端收到色情及低俗电子信息后常会继续转发”的统计分析

		频率	百分比(%)	有效百分比(%)	累积百分比(%)
有效	非常同意	39	10.1	10.1	10.1
	同意	83	21.5	21.5	31.6
	无所谓(不确定)	21	5.4	5.4	37.0
	不同意	88	22.8	22.8	59.8
	非常不同意	155	40.2	40.2	100.0
	合计	386	100.0	100.0	

当面对手机等移动通信终端收到的不良或者低俗信息时，见表 6-9，共有 63%的被调查者选择了不同意继续转发。但是仍有 31.6%的用户会继续转发。这说明对于网络低俗信息的传播大多数用户会自觉地抵制，阻断不良信息继续流传，但是仍有近三分之一的受访用户无此意识。因此，如何提高用户对于不良信息的抵制和传播非常重要，而关键还在于教育以及用户媒介使用素养的提高。

表 6-10 对用户“经常在网站上输入自己的个人信息如手机邮箱生日年龄等”的统计分析

		频率	百分比(%)	有效百分比(%)	累积百分比(%)
有效	非常同意	79	20.5	20.5	20.5
	同意	168	43.5	43.5	64.0
	无所谓(不确定)	51	13.2	13.2	77.2
	不同意	79	20.5	20.5	97.7
	非常不同意	9	2.3	2.3	100.0
	合计	386	100.0	100.0	

在网络使用过程中，64%的用户会经常在网站上输入例如手机号码、邮箱、生日等个人信息。有近四分之一的用户则不同意，其余 13.2%的用户持无所谓的态度。数据见表 6-10。可以说，对于大多数用户在上网时输入个人信息成为一种常态，一方面可以间接反映出实名制的推行情况以及用户

的接受程度；另一方面，说明用户对于个人信息的提供并不持排斥态度。但同时该现象也对用户信息的保护等安全问题提出更高的要求，即用户在上网输入自己的个人信息时要具有一定的个人信息安全保护意识，对于网站或页面的安全性也要具有辨别能力；并且网站也应注意提高自身的系统安全性。另外，对于利用网络恶意骗取用户个人信息进行不法行为的个人或者组织，也应有相应的监管机构进行监督加以避免。

表 6－11　对用户“在使用公共无线网络时会注意网络加密设置情况”的统计分析

		频率	百分比(%)	有效百分比(%)	累积百分比(%)
有效	非常同意	87	22.5	22.5	22.5
	同意	215	55.7	55.7	78.2
	无所谓(不确定)	62	16.1	16.1	94.3
	不同意	18	4.7	4.7	99.0
	非常不同意	4	1.0	1.0	100.0
	合计	386	100.0	100.0	

在使用无线公共网络时，78.2% 的用户会注意网络的加密情况，见表 6－11。说明大多数用户具备一定的网络安全意识。但仍有 16.1% 的用户表示无所谓，以及 5.7% 的用户不会加以留意。可见，随着无线网络的不断发展，移动终端应用的不断普及，网络安全意识的培养还应继续加强。

2）社会管理方面

社会管理方面的调查统计数据可参考表 6－12、表 6－13、表 6－14。

表 6－12　对用户“上网时经常在不知情的情况下被安装流氓软件”的统计分析

		频率	百分比(%)	有效百分比(%)	累积百分比(%)
有效	非常同意	78	20.2	20.2	20.2
	同意	172	44.6	44.6	64.8
	无所谓(不确定)	65	16.8	16.8	81.6
	不同意	39	10.1	10.1	91.7
	非常不同意	32	8.3	8.3	100.0
	合计	386	100.0	100.0	

对于被调查者来说，64.8%的用户表示上网过程中经常在不知情的情况下被安装流氓软件，另外有16.8%的人认为无所谓（不确定），还有不足五分之一的人不认同此说法。具体数据见表6－12。超过一多半的用户遭遇过流氓软件的侵扰，因此，可以说净化网络应用环境、保障用户的在使用网络过程中不受侵犯依然任务重重。

表6－13 对用户认为“需要对以下哪类网站经营行为和BBS内容等进行监管”的统计分析

		频率	百分比（%）	有效百分比（%）	累积百分比（%）
有效	信息内容多	75	19.4	19.4	19.4
	浏览量大	101	26.2	26.2	45.6
	影响力大	129	33.4	33.4	79.0
	以上全部	69	17.9	17.9	96.9
	其他	7	1.8	1.8	98.7
	无需监管或少管	2	.5	.5	99.2
	为未成年人服务的	1	.3	.3	99.5
	经常发布欺骗性或诱导性信息的	1	.3	.3	99.7
	无意见	1	.3	.3	100.0
	合计	386	100.0	100.0	

对于网络用户来说，33.4%的人认为应该对影响力大的网站或者BBS的经营行为和内容等进行监管；其次是浏览量大的网站和BBS，百分比为26.2%；然后是信息内容多的网站和BBS，百分比为19.4%。还有17.9%的被调查者认为应对以上三种网站和BBS的经营行为和内容等都进行监管。百分比总计为96.9%。具体数据见表6－13。说明网络用户对于网络的信息内容以及网站的经营行为较为关注，也希望对其进行一定的约束和监管，使其规范运行，具有相当高的监管需求。

表6－14 对用户“在使用互联网电子邮件时常常收到垃圾邮件”的统计分析

		频率	百分比（%）	有效百分比（%）	累积百分比（%）
有效	非常同意	156	40.4	40.4	40.4

（续表）

		频率	百分比(%)	有效百分比(%)	累积百分比(%)
有效	同意	174	45.1	45.1	85.5
	无所谓(不确定)	44	11.4	11.4	96.9
	不同意	10	2.6	2.6	99.5
	非常不同意	2	.5	.5	100.0
	合计	386	100.0	100.0	

如表 6－14 所示，在使用互联网过程中，高达 85.5%的被调查者同意经常收到垃圾电子邮件这种说法，另外有 11.4%的被调查者无所谓(不确定)。说明电子垃圾信息和邮件依然猖獗，需要进一步地加强治理。

6.1.6　关于数据的信度和效度检验

6.1.6.1　数据的信度检验

根据信度一致性检验原则，下面将对各部分测量变量进行信度分析。

1）对用户行为态度的检验

该项统计量数据见表 6－15、表 6－16。

表 6－15　对“用户行为态度”的可靠性统计量

Cronbach’s Alpha	项数
.805	6

表 6－16　对“用户行为态度”的项总计统计量

	项已删除的刻度均值	项已删除的刻度方差	校正的项总计相关性	项已删除的 Cronbach’s Alpha 值
重视和支持对网络安全技术的研究和开发	8.44	7.307	.619	.764
打击利用互联网建立淫秽网站及提供淫秽站点链接	8.34	6.735	.621	.761

（续表）

	项已删除的刻度均值	项已删除的刻度方差	校正的项总计相关性	项已删除的 Cronbach's Alpha 值
互联网经营者应加强自律	8.39	7.339	.602	.767
互联网对公共事件等能够起到监测预警和事后恢复等作用	8.25	7.485	.443	.804
在突发事件中不应编造并传播有关事态发展的虚假信息	8.39	7.662	.558	.777
提高农村互联网普及应用水平有利于缩小城乡差距	8.13	7.088	.565	.775

如表 6－15 所示，该因子的 Cronbach's Alpha 系数为 0.805，大于 0.6，信度较好。表中“校正的项总计相关性”一列值即为 *CITC* 值（以下各表的 *CITC* 值含义相同），在表 6－16 的 *CITC* 值中，“互联网对公共事件等能够起到监测预警和事后恢复等作用”的值为 0.443，小于 0.5，故予以剔除。其余测量指标均大于 0.5，因此可以保留到正式问卷中。

2）对用户主观规范的检验

该项统计量数据见表 6－17，表 6－18。

表 6－17　对“用户主观规范”的可靠性统计量

Cronbach's Alpha	项数
.782	4

表6－18　对"用户主观规范"的项总计统计量

	项已删除的刻度均值	项已删除的刻度方差	校正的项总计相关性	项已删除的Cronbach's Alpha值
当前我国互联网著作权受保护的程度很高	9.10	7.512	.658	.693
当前我国政府信息公开制度很完善	9.02	7.207	.650	.696
支持建立网站用户实名登记制度	9.70	8.546	.439	.802
收到垃圾邮件或手机垃圾短信后会向服务商或有关部门举报	9.31	7.753	.616	.715

如表6－17所示，该因子的Cronbach's Alpha系数为0.782，大于0.6，信度较好。在表6－18的*CITC*值中，"支持建立网站用户实名登记制度"的值分别为0.439，小于0.5，故予以剔除。其余测量指标均大于0.5，因此可以保留到正式问卷中。

3）对用户控制认知的检验

该项统计量数据见表6－19、表6－20。

表6－19　对"用户控制认知"的可靠性统计量

Cronbach's Alpha	项数
.847	3

表 6-20 对"用户控制认知"的项总计统计量

	项已删除的刻度均值	项已删除的刻度方差	校正的项总计相关性	项已删除的 Cronbach's Alpha 值
应加强全民互联网法制宣传教育工作	3.31	1.866	.705	.795
应充分利用互联网平台传播法律知识弘扬法治精神	3.32	1.817	.736	.766
加强网络安全教育很有必要	3.31	1.897	.702	.799

如表 6-19 所示，该因子的 Cronbach's Alpha 系数为 0.847，大于 0.6，信度较好。而表 6-20 中的 *CITC* 值中各测量指标均大于 0.5，通过检验。

4）对用户使用互联网意向的检验

该项统计量数据见表 6-21、表 6-22。

表 6-21 对"用户使用互联网意向"的可靠性统计量

Cronbach's Alpha	项数
.750	4

表 6-22 对"用户使用互联网意向"的项总计统计量

	项已删除的刻度均值	项已删除的刻度方差	校正的项总计相关性	项已删除的 Cronbach's Alpha 值
网站不应为追求轰动效应和点击率而传播虚假新闻色情图片等	5.14	3.297	.566	.684

（续表）

	项已删除的刻度均值	项已删除的刻度方差	校正的项总计相关性	项已删除的 Cronbach's Alpha 值
网游经营应遵纪守法并保护网游用户合法权益	5.01	3.148	.587	.670
政府整治手机淫秽色情专项工作有利于电信业促进经济和社会发展	4.82	3.002	.530	.702
遇到网络侵权会考虑使用法律手段保护自己的合法权益	4.76	3.042	.511	.713

如表 6－21 所示，该因子的 Cronbach's Alpha 系数为 0.750，大于 0.6，信度较好。表 6－22 中的 *CITC* 值中各测量指标均大于 0.5，通过检验。

5）对用户使用互联网行为的检验

该项统计量数据见表 6－23、表 6－24。

表 6－23　对“用户使用互联网行为”的可靠性统计量

Cronbach's Alpha	项数
.721	4

表 6－24　对“用户使用互联网行为”的项总计统计量

	项已删除的刻度均值	项已删除的刻度方差	校正的项总计相关性	项已删除的 Cronbach's Alpha 值
网络不良信息会危害未成年人身心健康	5.33	3.210	.505	.662

（续表）

	项已删除的刻度均值	项已删除的刻度方差	校正的项总计相关性	项已删除的Cronbach's Alpha值
需要用技术手段对网络内容分级，防止未成年人接触网络色情	5.08	3.375	.488	.671
网游经营单位应限制未成年人的游戏时间	5.23	3.445	.544	.644
支持互联网营业场所不得接纳未成年人进入	5.09	3.021	.511	.661

如表6-23所示，该因子的Cronbach's Alpha系数为0.721，大于0.6，信度较好。在表6-24的*CITC*值中，"需要用技术手段对网络内容分级，防止未成年人接触网络色情"的值为0.488，小于0.5，故予以剔除。其余测量指标均大于0.5，因此可以保留到正式问卷中。

6.1.6.2　数据的效度检验

从后文中的表6-38可以看出，在95%的置信度下所有非标准化系数具有统计显著性，可见修正模型的整体构念效度比较好。另外，从表6-40的数据显示可知模型拟合较好，构念效度较好。

6.1.7　结构方程模型建模

此处潜在变量与可测变量的设定见表6-25。

表6-25　我国互联网用户网络使用行为结构方程模型变量对应表

潜在变量	可测变量
1. 用户的行为态度	A1.1 应该重视和支持对网络安全技术的研究和开发
	A1.2 应该打击利用互联网建立淫秽网站、提供淫秽站点链接
	A1.3 互联网经营者应加强自律
	A2.2 在突发事件中不应编造并传播有关事态发展的虚假信息
	A2.3 提高农村互联网普及应用水平，有利于缩小城乡差距

（续表）

潜在变量	可测变量
2. 用户的主观规范	SN1.1 当前我国互联网著作权受保护的程度很高
	SN1.2 当前我国政府信息公开制度很完善
	SN2.2 收到垃圾邮件或手机垃圾短信后会向服务商或有关部门举报
3. 用户的控制认知	PBC1.1 应加强全民互联网法制宣传教育工作
	PBC1.2 应充分利用互联网平台传播法律知识弘扬法治精神
	PBC2.1 加强网络安全教育很有必要
4. 用户成熟理性地使用互联网的意向	BI1.1 网站不应为追求轰动效应和点击率而传播虚假新闻、色情图片等
	BI1.2 网游经营应遵纪守法，坚持社会效益优先，保护网游用户合法权益
	BI1.3 政府整治手机淫秽色情专项工作有利于电信业促进经济和社会发展
	BI1.4 当遭遇网络侵权时，会考虑使用法律手段保护自己的合法权益
5. 用户成熟理性地使用互联网的行为	B1.1 网络不良信息（如色情、暴力、欺诈等）会危害未成年人身心健康
	B1.3 网游经营单位应限制未成年人的游戏时间
	B1.4 支持互联网营业场所不得接纳未成年人进入
互联网使用基本情况：	
1. 最常从哪种渠道获取我国的政府信息公开内容	
2. 您上网时经常在不知情的情况下被安装流氓软件	
3. 各通信管理局需要对哪类网站经营行为和 BBS 内容等进行监管	
4. 通过手机等移动通讯终端收到色情及低俗电子信息后常常会继续转发	
5. 在使用互联网电子邮件时常常收到垃圾邮件	
6. 经常在网站上输入自己的个人信息（如手机、邮箱、生日、年龄等）	
7. 在使用公共无线网络时会注意网络的加密设置情况	

构建如图 6－3 的我国互联网用户网络使用行为结构方程初始模型。

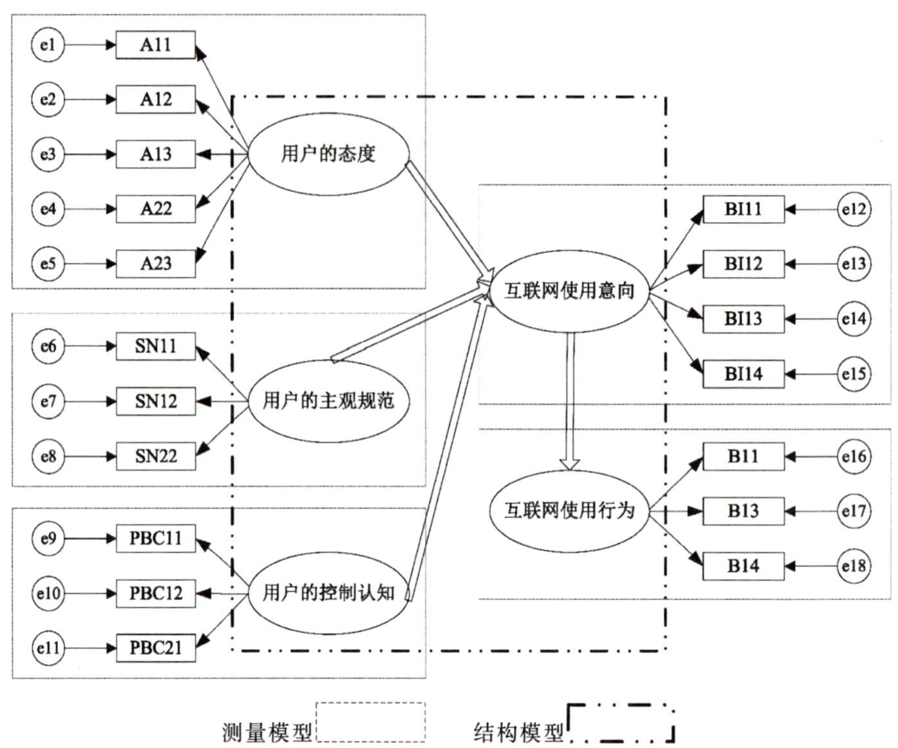

图 6－3　我国互联网用户网络使用行为结构方程初始模型

如图 6－3 所示，本节的 SEM 模型包括结构模型和测量模型两个部分，如前文中的图 6－1 即为本书变量间的因果关系结构模型。而表 6－25(模型变量对应表)则为本书的测量模型以及各个测量变量，主要包括 5 个潜在变量的测量模型及相关测量变量。根据 SEM 模型要求，增加潜在变量和测量变量的误差值，同时经过信度检验删除部分测量变量之后，由 AMOS 软件绘制 SEM 图见图 6－3，包括 5 个潜在变量和 18 个测量变量。

6.1.8　模型参数估计与识别

根据 t 法则检验本书模型，$p+q$ 值为 18，则测量数据数即 *DP* 值为 171，待估计参数数目 t 为 43。本模型中自由度为 128，满足模型识别的必要条件。

另外，模型识别还应根据严格的模型界定策略。如果测量模型当中有超过一个以上的潜在变量，每一个潜在变量只要有至少三个测量变量来估计，而每一个测量变量只用以估计单一一个潜在变量（或被单一一个潜在变量所影响）、残差之间没有共变假设且潜在变量的方差被自由估计，此时测量模型可以有效被识别①。本书的模型满足上述模型识别条件，因此可进行下一步的模型参数评估。

6.1.9　参数估计方法选择

本书使用 AMOS 软件进行模型参数评估。在运用 AMOS 软件分析时根据系统提示增加假设：H5：网络用户的行为态度与其主观规范有相关关系；H6：网络用户的主观规范与其控制认知有相关关系；H7：网络用户的行为态度与其控制认知有相关关系。则构建的初始模型修改为图 6－4。

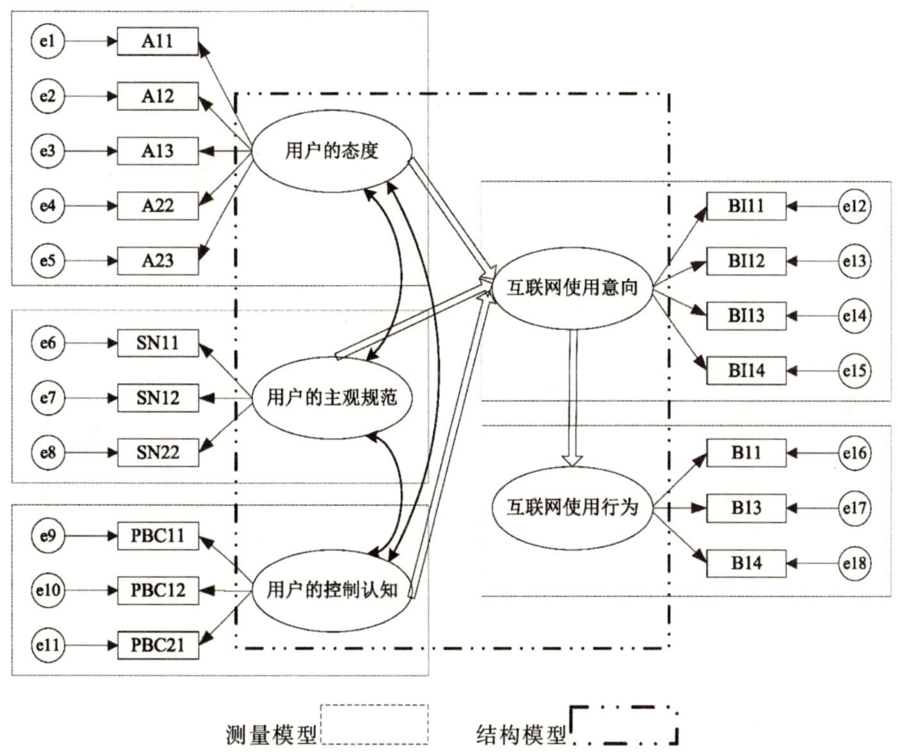

图 6－4　我国互联网用户网络使用行为结构方程初始模型增加相关关系图

---

①　邱皓政，林碧芳.结构方程模型的原理与应用[M].北京：中国轻工业出版社，2009：49.

在运算方法中使用最大似然估计进行模型运算。在参数估计选择时，非标准化系数和标准化系数图示分别如图 6-5 和图 6-6 所示。

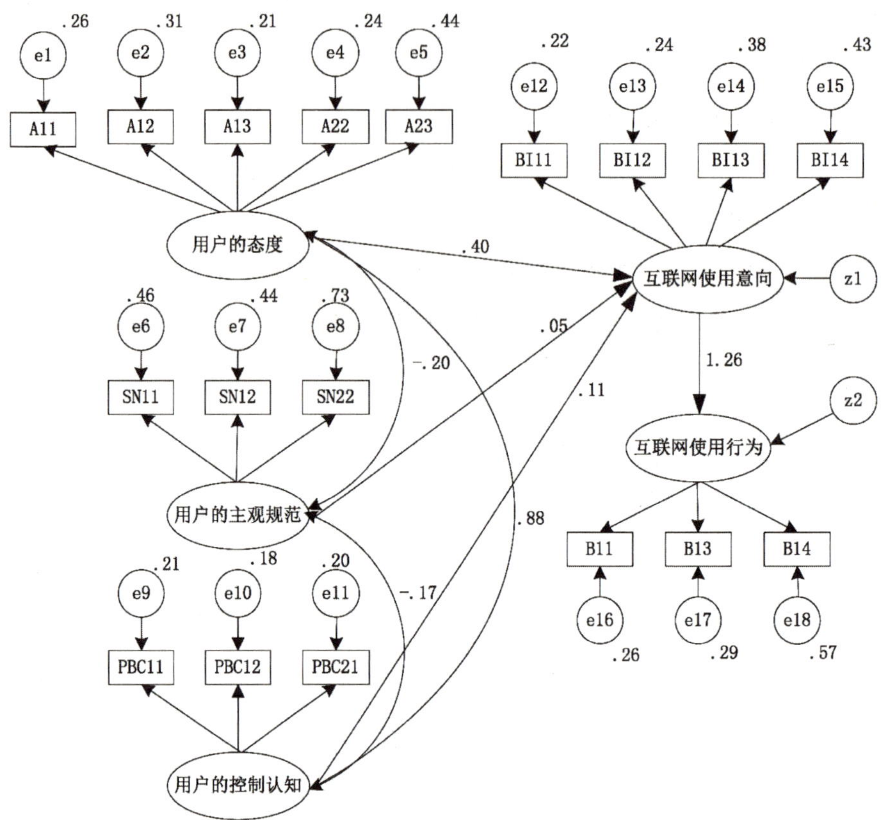

图 6-5 我国互联网用户网络使用行为结构方程初始模型非标准化参数估计结果

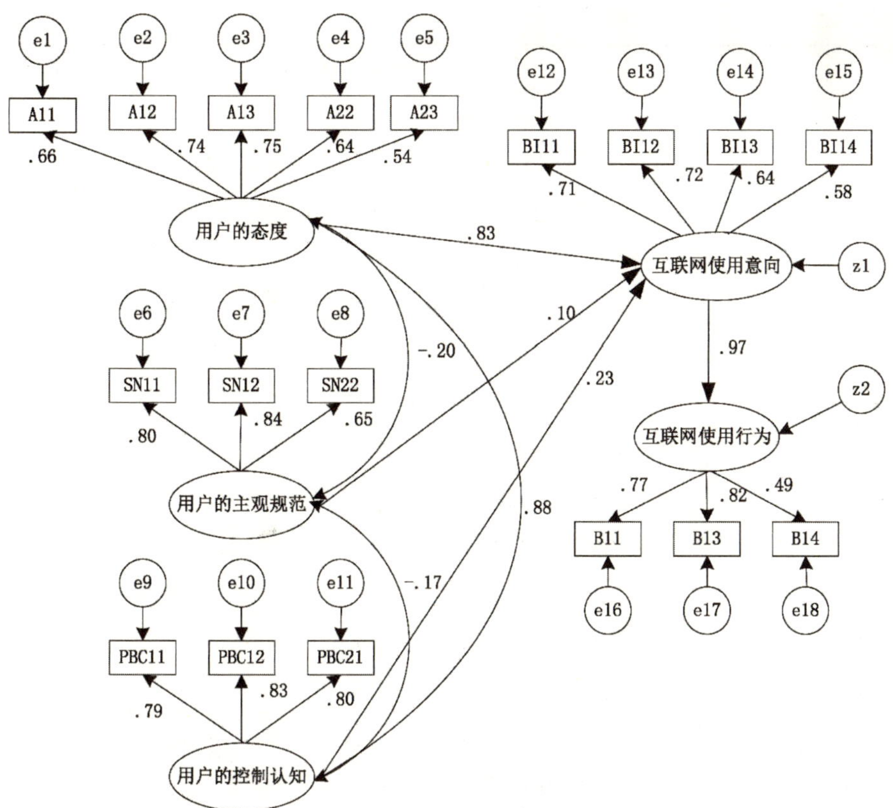

图 6－6　我国互联网用户网络使用行为结构方程初始模型标准化参数估计结果

6.1.10　模型评价

利用 AMOS 软件，将数据输入后得出参数估计结果。

1）系数估计结果

利用 AMOS 软件得出的系数估计结果见表 6－26、表 6－27。

表 6－26　我国互联网用户网络使用行为结构方程非标准化系数估计

			Estimate	S.E.	C.R.	*P*	Label
互联网使用意向	←	用户的态度	.397	.053	7.503	***	
互联网使用意向	←	用户的主观规范	.046	.016	2.950	.003	
互联网使用意向	←	用户的控制认知	.110	.049	2.261	.024	
互联网使用行为	←	互联网使用意向	1.256	.087	14.367	***	

（续表）

			Estimate	S.E.	C.R.	*P*	Label
B11	←	互联网使用行为	1.000				
B13	←	互联网使用行为	.696	.056	12.356	* * *	
B14	←	互联网使用行为	.684	.072	9.436	* * *	
A11	←	用户的态度	.454	.032	14.190	* * *	
A12	←	用户的态度	.606	.037	16.303	* * *	
A13	←	用户的态度	.521	.031	16.850	* * *	
A22	←	用户的态度	.415	.030	13.649	* * *	
A23	←	用户的态度	.427	.038	11.112	* * *	
SN11	←	用户的主观规范	.899	.055	16.254	* * *	
SN12	←	用户的主观规范	1.004	.059	17.097	* * *	
SN22	←	用户的主观规范	.725	.056	12.975	* * *	
PBC11	←	用户的控制认知	.597	.033	18.009	* * *	
PBC12	←	用户的控制认知	.623	.033	19.118	* * *	
PBC21	←	用户的控制认知	.593	.033	18.162	* * *	
BI11	←	互联网使用意向	1.000				
BI12	←	互联网使用意向	1.060	.077	13.753	* * *	
BI13	←	互联网使用意向	1.078	.088	12.306	* * *	
BI14	←	互联网使用意向	.979	.088	11.152	* * *	

表 6－27　我国互联网用户网络使用行为结构方程标准化系数估计

			Estimate
互联网使用意向	←	用户的态度	.831
互联网使用意向	←	用户的主观规范	.096
互联网使用意向	←	用户的控制认知	.231
互联网使用行为	←	互联网使用意向	.974
B11	←	互联网使用行为	.768
B13	←	互联网使用行为	.624

（续表）

			Estimate
B14	←	互联网使用行为	.487
A11	←	用户的态度	.662
A12	←	用户的态度	.735
A13	←	用户的态度	.753
A22	←	用户的态度	.642
A23	←	用户的态度	.543
SN11	←	用户的主观规范	.798
SN12	←	用户的主观规范	.835
SN22	←	用户的主观规范	.648
PBC11	←	用户的控制认知	.793
PBC12	←	用户的控制认知	.826
PBC21	←	用户的控制认知	.798
BI11	←	互联网使用意向	.713
BI12	←	互联网使用意向	.716
BI13	←	互联网使用意向	.641
BI14	←	互联网使用意向	.581

2）协方差估计

利用 AMOS 软件得出的协方差估计结果见表 6－28、表 6－29。

表 6－28　我国互联网用户网络使用行为结构方程非标准化系数估计（部分相关数值协方差估计）

			Estimate	S.E.	C.R.	*P*	Label
用户的态度	←→	用户的主观规范	－.200	.060	－3.322	* * *	
用户的主观规范	←→	用户的控制认知	－.168	.059	－2.832	.005	
用户的态度	←→	用户的控制认知	.876	.025	35.609	* * *	

表 6-29 我国互联网用户网络使用行为结构方程标准化系数估计

（部分相关数值协方差估计）

			Estimate
用户的态度	<-->	用户的主观规范	-.200
用户的主观规范	<-->	用户的控制认知	-.168
用户的态度	<-->	用户的控制认知	.876

结合图 6-5、图 6-6 以及表 6-26、表 6-27、表 6-28 和表 6-29 的图示和数据结果，对本书的假设进行检验汇总：

H1：网络用户的行为态度与其成熟理性地使用网络的意向正向相关。

通过结构方程的路径分析数据发现，模型中网络用户的行为态度与其成熟理性地使用网络的意向，*CR* 值为 7.503，且达到 0.05 的显著水平，标准化路径系数为 0.831，因此假设 1 成立。

H2：网络用户的主观规范与其成熟理性地使用网络的意向正向相关。

通过结构方程的路径分析数据发现，模型中网络用户的主观规范与其成熟理性地使用网络的意向，*CR* 值为 2.950，且达到 0.05 的显著水平，标准化路径系数为 0.096，因此假设 2 成立。

H3：网络用户的控制认知与其成熟理性地使用网络的意向正向相关。

通过结构方程的路径分析数据发现，模型中网络用户的控制认知与其成熟理性地使用网络的意向，*CR* 值为 2.261，且达到 0.05 的显著水平，标准化路径系数为 0.231，因此假设 3 成立。

H4：网络用户的网络使用意向与实际使用行为正向相关。

通过结构方程的路径分析数据发现，模型中网络用户的网络使用意向与其成熟理性地使用网络的行为，*CR* 值为 14.367，且达到 0.05 的显著水平，标准化路径系数为 0.974，因此假设 4 成立。

H5：网络用户的行为态度与其主观规范有相关关系。

通过结构方程的路径分析数据发现，模型中网络用户的行为态度与其主观规范，协方差数据为-0.200，两者有比较弱的相关关系，但是两者的变化趋势相反。假设 5 成立。

H6:网络用户的主观规范与其控制认知有相关关系。

通过结构方程的路径分析数据发现,模型中网络用户的主观规范与其控制认知,协方差数据为－0.168,两者有比较弱的相关关系,但是两者的变化趋势也相反。假设 6 成立。

H7:网络用户的行为态度与其控制认知有相关关系。

通过结构方程的路径分析数据发现,模型中网络用户的行为态度与其控制认知,协方差数据为 0.876,两者有较强的相关关系,且两者的变化趋势一致。假设 7 成立。

6.1.11　模型拟合与修正

在拟合结果分析中,经 AMOS 软件对初始模型用最大似然法估计后,所得的初始模型运算结果如表 6－30 所示。

表 6－30　我国互联网用户网络使用行为初始模型常用拟合指数计算结果

拟合指数	卡方值(自由度)	P	X^2/df	*CFI*	*NFI*	*IFI*	*RMSEA*
结果	401.846(128)	.000	3.139	.918	.885	.919	.075

根据拟合数据标准值,在表 6－30 的拟合数据中,X^2/df 值大于 3,尚不符合标准。而 P 值小于 0.05 水平,应该拒绝模型拟合数据的原假设。其中,卡方检验中 P 值一般要求大于 0.05,即统计性应该是不显著的,但 $P<0.05$ 也不能就一定说明模型拟合不好。因为卡方值还要受样本规模等影响。本书中 $P<0.05$,达到显著,则模型被拒绝。考虑到卡方检验往往会受到模型的复杂程度和样本数量的影响,比较敏感。尤其是样本数大于 200 时,P 值很难不显著(Takana,1991)。所以,主要还是要看其他的适配度指标。

如表 6－30 所示,*CFI*、*IFI* 的值均大于 0.90,数据显示具有理想的拟合度。*NFI* 值为 0.885,接近 0.90,略低于 0.90 的标准,属于可以接受的范围。*RMSEA* 小于 0.08,也为可以接受的数据。总的来说本书中的初始模型拟合情况尚可。

根据态度与行为之间的关系研究,可知态度对行为有重要的影响①。因此,增加网络用户的行为态度与其成熟理性地使用网络的意向之间的相关路径。即增加假设:

H8:网络用户的行为态度与其成熟理性地使用网络的行为正向相关。

则模型修正为如图 6－7 所示。

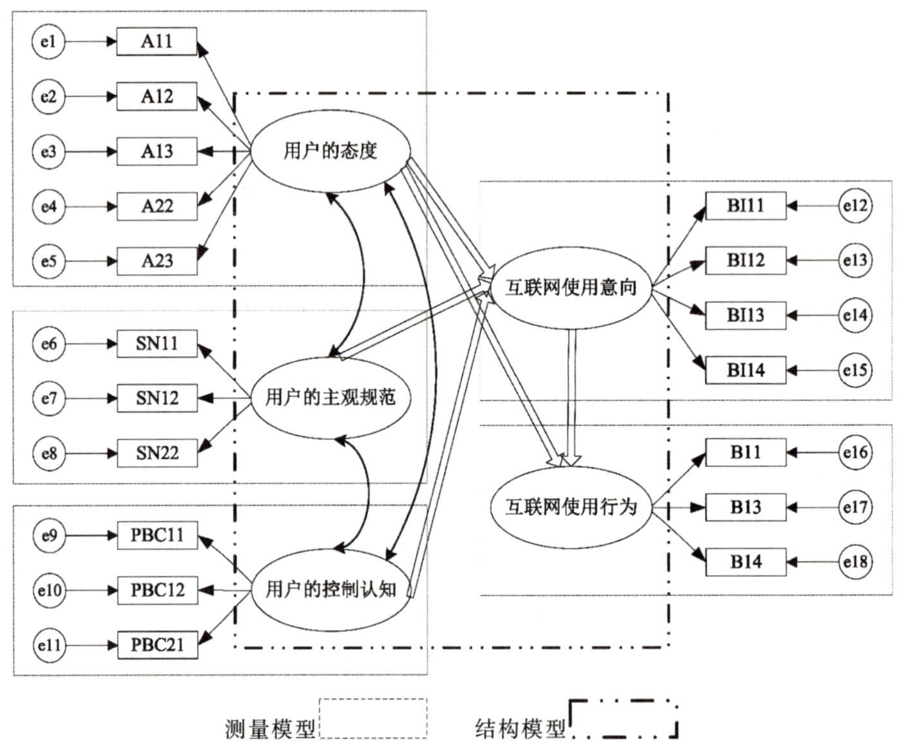

图 6－7 我国互联网用户网络使用行为模型修正图

在运算方法中使用最大似然估计进行模型运算。在参数估计选择时,非标准化系数和标准化系数图示分别如图 6－8 和图 6－9 所示。

---

① [美]艾肯(Lewis R.Aiken).态度与行为——理论、测量与研究[M].何清华,等,译.北京:中国轻工业出版社,2008.

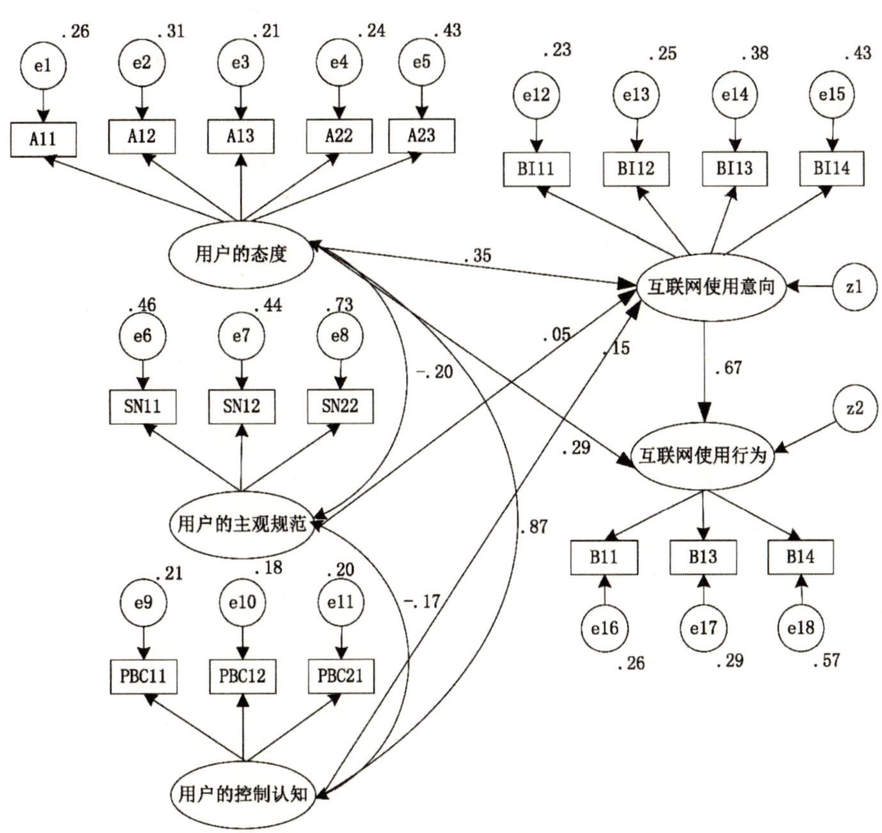

图 6－8　我国互联网用户网络使用行为修正后模型非标准化参数估计结果

6.1.12　修正后的模型评价

1）参数估计结果：路径系数/载荷系数的显著性

修正后的系数估计结果见表 6－31、表 6－32。

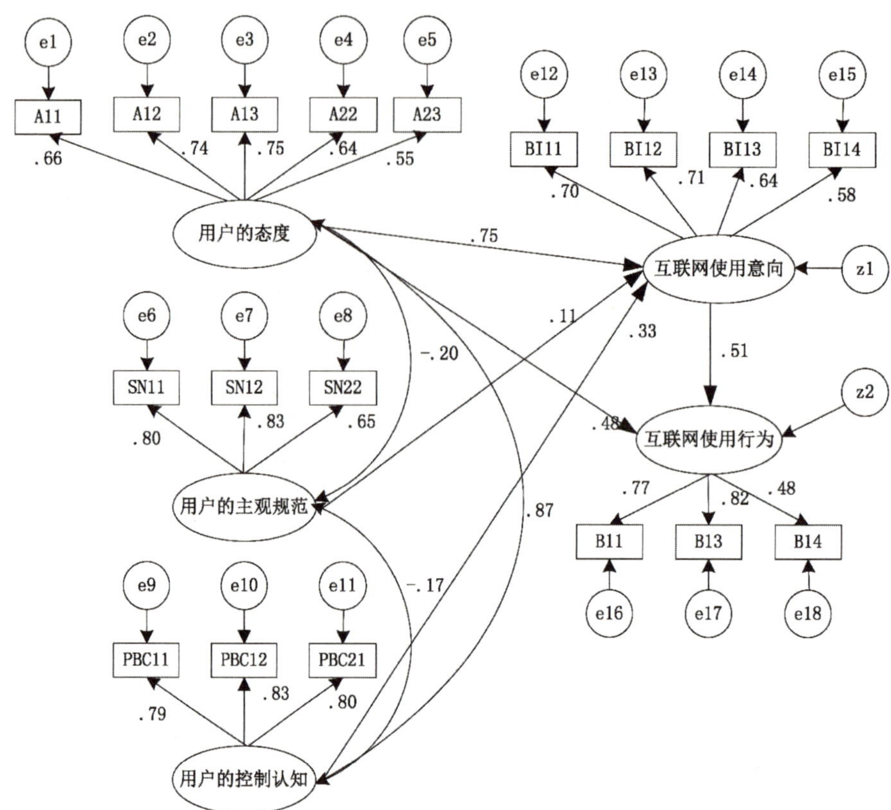

图 6-9 我国互联网用户网络使用行为修正后模型标准化参数估计结果

表 6-31 我国互联网用户网络使用行为修正后模型非标准化系数估计

			Estimate	S.E.	C.R.	*P*	Label
互联网使用意向	←	用户的态度	.354	.054	6.581	* * *	
互联网使用意向	←	用户的主观规范	.053	.017	3.054	.002	
互联网使用意向	←	用户的控制认知	.154	.051	3.019	.003	
互联网使用行为	←	互联网使用意向	.668	.281	2.373	.018	
互联网使用行为	←	用户的态度	.294	.137	2.152	.031	
B11	←	互联网使用行为	1.000				
B13	←	互联网使用行为	.695	.056	12.413	* * *	
B14	←	互联网使用行为	.673	.072	9.324	* * *	

（续表）

			Estimate	S.E.	C.R.	*P*	Label
A11	←	用户的态度	.456	.032	14.254	* * *	
A12	←	用户的态度	.609	.037	16.394	* * *	
A13	←	用户的态度	.520	.031	16.828	* * *	
A22	←	用户的态度	.416	.030	13.689	* * *	
A23	←	用户的态度	.429	.038	11.167	* * *	
SN11	←	用户的主观规范	.902	.055	16.322	* * *	
SN12	←	用户的主观规范	1.000	.059	17.037	* * *	
SN22	←	用户的主观规范	.725	.056	12.989	* * *	
PBC11	←	用户的控制认知	.596	.033	17.955	* * *	
PBC12	←	用户的控制认知	.625	.033	19.198	* * *	
PBC21	←	用户的控制认知	.592	.033	18.156	* * *	
BI11	←	互联网使用意向	1.000				
BI12	←	互联网使用意向	1.063	.078	13.581	* * *	
BI13	←	互联网使用意向	1.089	.089	12.270	* * *	
BI14	←	互联网使用意向	.986	.089	11.099	* * *	

表 6－32　我国互联网用户网络使用行为修正后模型标准化系数估计

			Estimate
互联网使用意向	←	用户的态度	.751
互联网使用意向	←	用户的主观规范	.112
互联网使用意向	←	用户的控制认知	.327
互联网使用行为	←	互联网使用意向	.510
互联网使用行为	←	用户的态度	.477
B11	←	互联网使用行为	.770
B13	←	互联网使用行为	.625
B14	←	互联网使用行为	.481

（续表）

			Estimate
A11	←	用户的态度	.665
A12	←	用户的态度	.738
A13	←	用户的态度	.752
A22	←	用户的态度	.644
A23	←	用户的态度	.545
SN11	←	用户的主观规范	.800
SN12	←	用户的主观规范	.832
SN22	←	用户的主观规范	.648
PBC11	←	用户的控制认知	.791
PBC12	←	用户的控制认知	.828
PBC21	←	用户的控制认知	.798
BI11	←	互联网使用意向	.704
BI12	←	互联网使用意向	.708
BI13	←	互联网使用意向	.639
BI14	←	互联网使用意向	.578

2）协方差估计

修正后的协方差估计结果见表6－33、表6－34。

表6－33　我国互联网用户网络使用行为修正后模型非标准化系数估计（部分相关数值协方差估计）

			Estimate	S.E.	C.R.	*P*	Label
用户的态度	←→	用户的主观规范	－.195	.060	－3.268	.001	
用户的主观规范	←→	用户的控制认知	－.169	.059	－2.837	.005	
用户的态度	←→	用户的控制认知	.871	.024	35.747	* * *	

表 6-34　我国互联网用户网络使用行为修正后模型标准化系数估计（部分相关数值协方差估计）

			Estimate
用户的态度	←→	用户的主观规范	-.195
用户的主观规范	←→	用户的控制认知	-.169
用户的态度	←→	用户的控制认知	.871

由图 6-8、图 6-9 以及表 6-31、表 6-32、表 6-33 和表 6-34 所示，对假设检验进行汇总，则可知原假设 1～7 依然成立，同时对于新增的假设 8，*CR* 值为 2.152，且达到 0.05 的显著水平，标准化路径系数为 0.477，因此假设 8 成立，即网络用户的行为态度与其成熟理性地使用网络的行为正向相关。

6.1.13　修正后的模型拟合与修正

在拟合结果分析中，经 AMOS 软件对初始模型用最大似然法估计后，所得的初始模型运算结果如表 6-35 所示。

表 6-35　我国互联网用户网络使用行为修正后模型常用拟合指数计算结果

拟合指数	卡方值(自由度)	*P*	X^2/df	*CFI*	*NFI*	*IFI*	*RMSEA*
结果	398.839(127)	.000	3.140	.919	.886	.919	.075

可知数据还是基本符合指标，但是改善不大。接下来考虑是否通过修正指数 *MI* 对模型进行修正。通过 AMOS 软件输出结果中的 Modification Indices 项可以查看本书模型的修正指数(Modification Index)结果。

可以看到，e17 与 e18 的 *MI* 值较大，为 10.262，表明如果增加 B13 和 B14 之间的残差相关的路径，则模型的卡方值会减小。从实际来考虑，网游经营单位应限制未成年人的游戏时间与支持互联网营业场所不得接纳未成年人进入具有相关关系，因此考虑增加两者之间的相关性路径。

在 AMOS 软件中运用极大似然估计运行的部分结果如表 6-36 所示。

表 6-36 我国互联网用户网络使用行为修正后模型继续修正 *MI* 值后常用拟合指数计算结果

拟合指数	卡方值(自由度)	*P*	X^2/df	*CFI*	*NFI*	*IFI*	*RMSEA*
结果	387.221(126)	.000	3.073	.922	.889	.922	.073

可见,在满足所有假设条件的情况下,拟合指数有改善。

接下来,可以看到 e2 与 e3 的 *MI* 值较大,为 7.109,表明如果增加 A12 和 A13 之间的残差相关的路径,则模型的卡方值会减小。从实际来考虑,应该打击利用互联网建立淫秽网站、提供淫秽站点链接与互联网经营者应加强自律具有相关关系,因此考虑增加两者之间的相关性路径。

在 AMOS 软件中运用极大似然估计运行的部分结果如表 6-37 所示。

表 6-37 我国互联网用户网络使用行为修正后模型继续进一步修正 *MI* 值后常用拟合指数计算结果

拟合指数	卡方值(自由度)	*P*	X^2/df	*CFI*	*NFI*	*IFI*	*RMSEA*
结果	378.649(125)	.000	3.029	.924	.892	.925	.073

同样,在满足所有假设条件的情况下,拟合指数继续得到改善。

接下来,可以看到 e3 与 e4 的 *MI* 值较大,为 4.402,表明如果增加 A13 和 A22 之间的残差相关的路径,则模型的卡方值会减小。从实际来考虑,互联网经营者应加强自律与在突发事件中不应编造并传播有关事态发展的虚假信息具有相关关系,因此考虑增加两者之间的相关性路径。

在 AMOS 软件中运用极大似然估计运行的部分结果如下表及图所示。

考虑 *MI* 值修正后的最终结果如图 6-10、图 6-11 和表 6-38、表 6-39、表 6-40 所示。

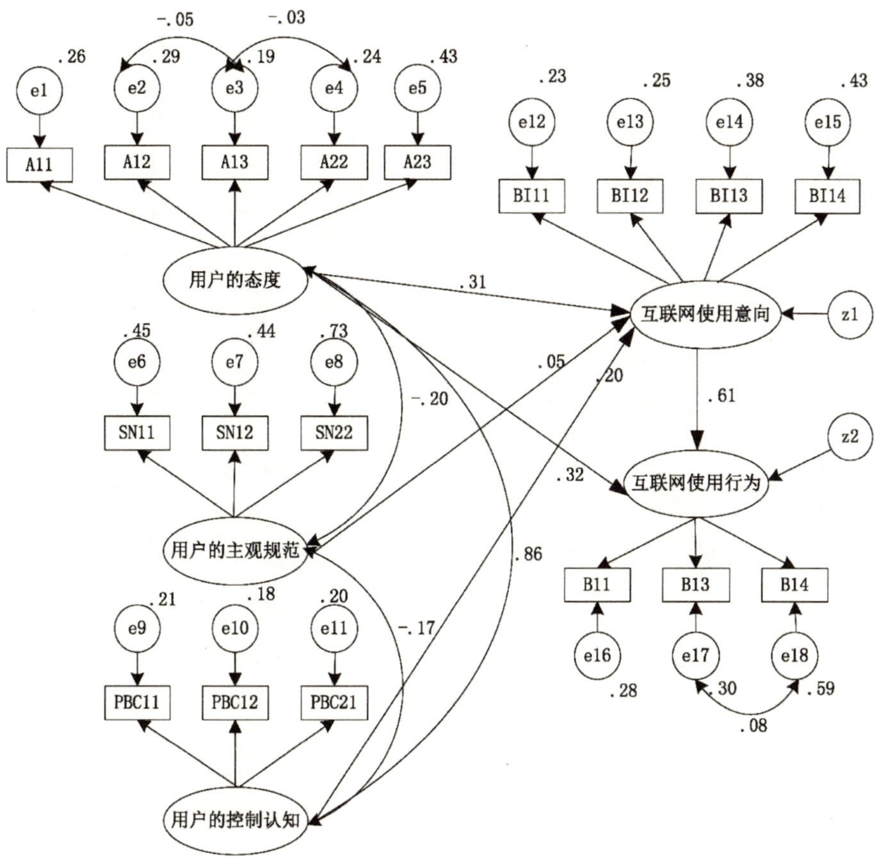

图 6-10 我国互联网用户网络使用行为最终模型非标准化参数估计结果

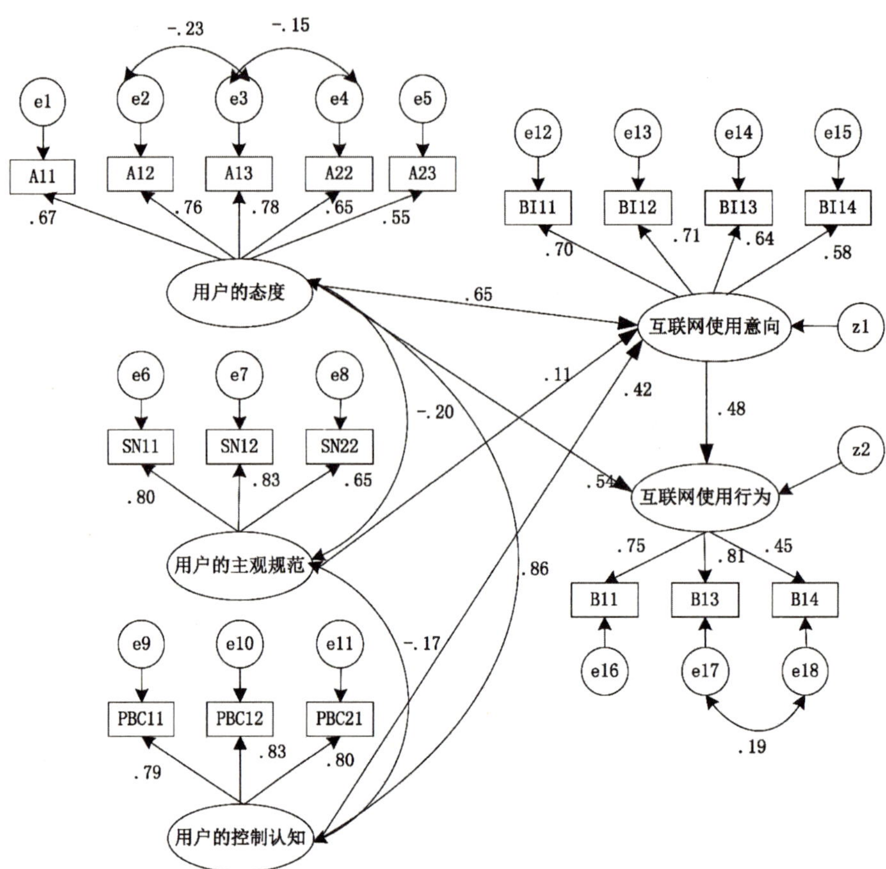

图 6－11 我国互联网用户网络使用行为最终模型标准化参数估计结果

表 6－38 我国互联网用户网络使用行为最终模型非标准化系数估计

			Estimate	S.E.	C.R.	*P*	Label
互联网使用意向	←	用户的态度	.305	.048	6.336	* * *	
互联网使用意向	←	用户的主观规范	.051	.017	3.063	.002	
互联网使用意向	←	用户的控制认知	.200	.047	4.293	* * *	
互联网使用行为	←	互联网使用意向	.612	.271	2.261	.024	
互联网使用行为	←	用户的态度	.325	.131	2.481	.013	
B11	←	互联网使用行为	1.000				
B13	←	互联网使用行为	.691	.057	12.164	* * *	

（续表）

			Estimate	S.E.	C.R.	*P*	Label
B14	←	互联网使用行为	.648	.073	8.877	***	
A11	←	用户的态度	.458	.032	14.401	***	
A12	←	用户的态度	.626	.037	16.840	***	
A13	←	用户的态度	.537	.031	17.235	***	
A22	←	用户的态度	.422	.031	13.830	***	
A23	←	用户的态度	.431	.038	11.247	***	
SN11	←	用户的主观规范	.902	.055	16.344	***	
SN12	←	用户的主观规范	.999	.059	17.033	***	
SN22	←	用户的主观规范	.725	.056	12.989	***	
PBC11	←	用户的控制认知	.596	.033	17.951	***	
PBC12	←	用户的控制认知	.625	.033	19.221	***	
PBC21	←	用户的控制认知	.592	.033	18.147	***	
BI11	←	互联网使用意向	1.000				
BI12	←	互联网使用意向	1.066	.078	13.595	***	
BI13	←	互联网使用意向	1.095	.089	12.312	***	
BI14	←	互联网使用意向	.989	.089	11.123	***	

表 6－39　我国互联网用户网络使用行为最终模型标准化系数估计

			Estimate
互联网使用意向	←	用户的态度	.647
互联网使用意向	←	用户的主观规范	.108
互联网使用意向	←	用户的控制认知	.424
互联网使用行为	←	互联网使用意向	.478
互联网使用行为	←	用户的态度	.538
B11	←	互联网使用行为	.752
B13	←	互联网使用行为	.607
B14	←	互联网使用行为	.452

（续表）

			Estimate
A11	←	用户的态度	.668
A12	←	用户的态度	.759
A13	←	用户的态度	.776
A22	←	用户的态度	.655
A23	←	用户的态度	.548
SN11	←	用户的主观规范	.801
SN12	←	用户的主观规范	.832
SN22	←	用户的主观规范	.648
PBC11	←	用户的控制认知	.791
PBC12	←	用户的控制认知	.829
PBC21	←	用户的控制认知	.797
BI11	←	互联网使用意向	.704
BI12	←	互联网使用意向	.710
BI13	←	互联网使用意向	.643
BI14	←	互联网使用意向	.580

表 6－40　我国互联网用户网络使用行为最终模型常用拟合指数计算结果

拟合指数	卡方值（自由度）	*P*	X^2/df	*CFI*	*NFI*	*IFI*	*RMSEA*
结果	373.228(124)	.000	3.010	.925	.893	.926	.072

由表 6－40 可见，在满足所有假设条件的情况下，拟合指数得到了改善。

其中，$P<0.05$，达到显著，则模型被拒绝。考虑到卡方检验往往会受到模型的复杂程度和样本数量的影响，比较敏感，因此仍旧是看其他的适配度指标。

可知，X^2/df 值下降，接近 3，属于可接受的标准。*CFI*、*NFI* 与 *IFI* 的值均略上升，大于 0.9，可以视为具有理想的拟合度（Hu & Bentler，1999）。*RMSEA* 值有下降，为 0.072，大于 0.05 而小于 0.08，可以接受。

其他由于缺少相应的理论支持，加上本书的样本量对于 P 值的影响，以及如上的拟合结果尚可，说明假设的因果关系相对较好地得到了样本数据的支持。因此本书不再作进一步的修正。

6.1.14　我国互联网用户网络使用行为分析研究结论

综上所述，通过前面各部分内容的分析阐述和验证，对于我国互联网用户网络使用行为定性和定量的分析研究，可以得出以下结论。

网络用户的行为态度、主观规范、控制认知都分别对其使用网络的意向具有正向相关的关系；而网络用户使用网络的意向对其使用网络的行为也具有正向相关关系；同时网络用户的行为态度对其使用网络的行为也是正向相关的关系。另外，网络用户的行为态度、主观规范、控制认知这三者之间又存在两两之间的相关关系。只是在这种两两之间的相关关系中，网络用户的行为态度与其主观规范之间、网络用户的主观规范与其控制认知之间，这两组相关关系是方向相反的相关关系，而网络用户的行为态度与其控制认知则是方向一致的相关关系。如图 6－12 所示。

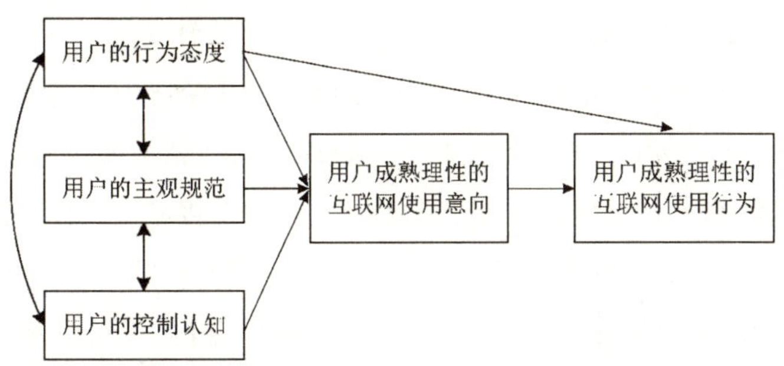

图 6－12　我国互联网用户网络使用行为最终模型影响关系图

因此，对于如何确保网络用户正确理性地进行网络使用行为，前提是确保其使用意向的健康、合理、理性，这就要从更前端的用户的行为态度、主观规范和控制认知三个方面进行引导。特别是，用户的行为态度也会更加直接地作用于用户使用网络行为的本身。

对于网络用户的行为态度、主观规范、控制认知这三者中两两之间的相关关系，可以说其互相之间具有相互影响的作用，但是影响力方向是否具有一致性则不尽然。

就本书的结果而言,网络用户的行为态度来自对互联网政策内容和结果的评价,主观规范是有制度因素以及服从动机构成,可知认知则是由社会舆论和个人修养构成。这其中,将以上各因素具体化,可知:互联网的政策内容是一个重要的考量方面;对其结果的评价涉及政策的制定、实施、执行以及监督等各个环节;制度因素则是一个更为宽泛的概念,包括诸如互联网制度本身以及其他相关国家制度因素的综合;社会舆论是一个社会声音的反映;个人修养表面是一个人自身素质的养成,但也是一个非常社会化的过程。

结合最终模型标准化参数估计结果,在正向影响关系方面,可以看到用户的行为态度对于其控制认知的影响最大;其次是用户的行为态度对于其使用意向的影响;再次是用户的行为态度对于其使用行为的影响;然后是用户的网络使用意向对用户的网络使用行为的影响;接着是用户的控制认知对其使用意向的影响;再接着是用户的主观规范对其使用意向的影响。而用户的行为态度与其主观规范、用户的主观规范与其控制认知之间的相互影响主要呈反向相关的关系。

可以说,对于本书中对于网络用户使用网络这一行为的调查,折射出的是对于整个互联网媒介生态的反映。它显现出的问题需要我们在今后的网络治理过程中,不仅更加注重对于政策内容的审慎制定,还要保证政策颁布以及实施过程中的监管到位,反馈到位。同时,网络用户的网络使用行为是一个复杂的综合力量作用的结果,需要制度的健全、舆论的力量、媒介素养的提升以及社会方方面面的共同作用。这是一个系统过程,它最终体现为网络用户使用网络的行为结果,而在无形里需要整个社会的参与和巨大投入。因此,本节这一调查将会进一步充实对我国网络治理的研究主题,更加全面地揭示出问题所在并提供对策方向和思路。

6.2 我国互联网信息传播PEST“四位一体”双协同治理

对于我国互联网信息传播的治理,其目的是为了达到政府、企业、社会各组织以及个人等多方面综合利益的实现,这一总的任务下,主要通过对政策和用户行为两个方面的双重协同治理这一途径来完成。

其中，对于政策的规范和实施，主要基于“四位一体”的整体目标，即实现对于政治、经济、社会和技术的各方面的考量和规制；对于用户行为的规范，主要是使得互联网用户在网络环境下进行合理规范的网络使用行为，如前章研究所述，其受到用户意向等多种因素的影响，因此需要全面进行考察。具体可见图 6－13。

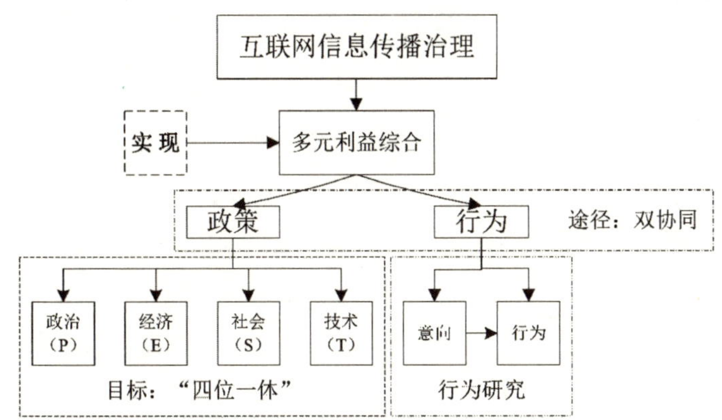

图 6－13　我国互联网信息传播 PEST“四位一体”双协同治理

6.3　构建我国互联网信息传播的 PEST 外部协同治理机制

综合以上各部分研究内容和调研结果，构建我国互联网信息传播 PEST 外部协同治理机制。

其以“四位一体”双协同治理为特征，由三大主体模式共同构成，即我国互联网治理的四维目标政策系统协同推进模式、我国互联网治理的社会进步综合绩效评估模式和我国互联网用户网络使用行为规范。具体见图6－14。

该治理机制首先以我国互联网政策的文本分析为基础，通过对互联网政策的主体子系统协调性、客体子系统协调性、主体与客体子系统之间的协调性、互联网政策系统与其他政策系统间关系的协调性以及互联网政策系统与环境之间的协调性进行分析，并结合调研内容的部分结果，建立起实现我

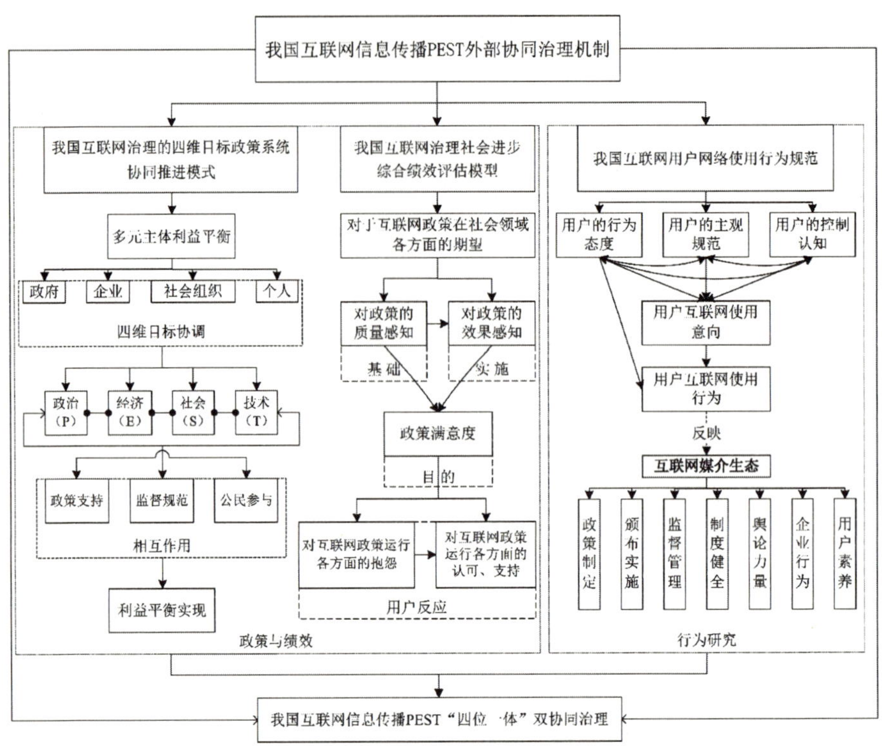

图 6－14　我国互联网信息传播 PEST 外部协同治理机制

国互联网多元主体综合利益的我国互联网治理的四维目标政策系统协同推进模式。其中，“四维目标”即为我国互联网信息传播 PEST 外部协同治理机制中的“PEST”指向所在。

其次，结合政策文本内容形成我国互联网政策绩效评估用户满意度调查问卷，通过对互联网用户进行调研，考察公众在社会政治、经济、文化、产业发展、技术进步以及个人成长等多个方面对互联网政策的期望；分析公众从政治、经济以及社会需求的满足程度等方面对政策的质量感知；结合公众对于互联网政策的效果感知反馈结果；在立足互联网政策社会满意度的基础上，从正反两个方面，即用户对于互联网政策运行各个方面的抱怨和用户对互联网政策运行各个方面的认可和支持进行综合分析。除了对于互联网政策本身的考察，更全面引入社会诸如公众参与情况、公共利益的达成、监督约束情况以及宣传效果等多方面的因素，以社会进步为出发点，建立我国互联网治理的社会进步综合绩效评估模式。

再次，通过对互联网用户使用网络这一行为的调查，更为客观和具体地反映政策的实施情况和效果，同时反映整个互联网的媒介生态。在这一过程中，不仅对互联网用户的媒介行为有了清晰的认知和分解，同时更对互联网的生态环境进行了更深刻的认识。因此，提出规范我国互联网用户使用行为，同时需要加强对于互联网媒介生态的全面考量，比如相关政策的制定与颁布实施、监督管理的完善情况、舆论力量的影响与作用、互联网企业自身的规范与自律以及互联网用户个人的综合素质的提升等等。这些源于对互联网用户使用网络这一行为的调查，反映出的问题却是综合而又复杂的，需要整个社会的参与和努力。

因此，从互联网政策出发，进行文本分析和政策绩效评估调查是本书所依据的根本所在，而基于互联网政策文本而进行的互联网用户网络使用行为调查，则是对现实情况的实际摸查以及从某种程度上来说对政策的检验。这些工作最终都指向的是对于互联网信息传播进行治理这一总的方向。通过以上调研和分析研究工作，建立起如图 6 - 14 所示我国互联网信息传播 PEST 外部协同治理机制，它源自政策文本，深入社会实践，回归治理主题，以一种立体、全面的视角对我国互联网治理问题进行了深入探讨和分析。

6.4　完善创新我国互联网信息传播政府风险防范管理机制

在互联网环境中，参与主体是多元且复杂的，但是对于互联网的治理，从根本上说还是以政府为主导的。

对于信息社会的不断发展，互联网的日益普及，政府需要在互联网治理过程中发挥主要作用，建立起与时代发展相适应的互联网信息传播风险防范管理机制，如图 6 - 15 所示。

(1)管理前提：互联网是现实生活在网络空间的延伸。

尽管互联网表面上看起来自由、无序、无边界，可以进行超越时空的链接，但是从本质上来看，它不能跳脱出现实而独立存在，它只不过是社会现实在数字空间的一种延伸。因此，它既离不开基础设备等硬件的支撑，又不

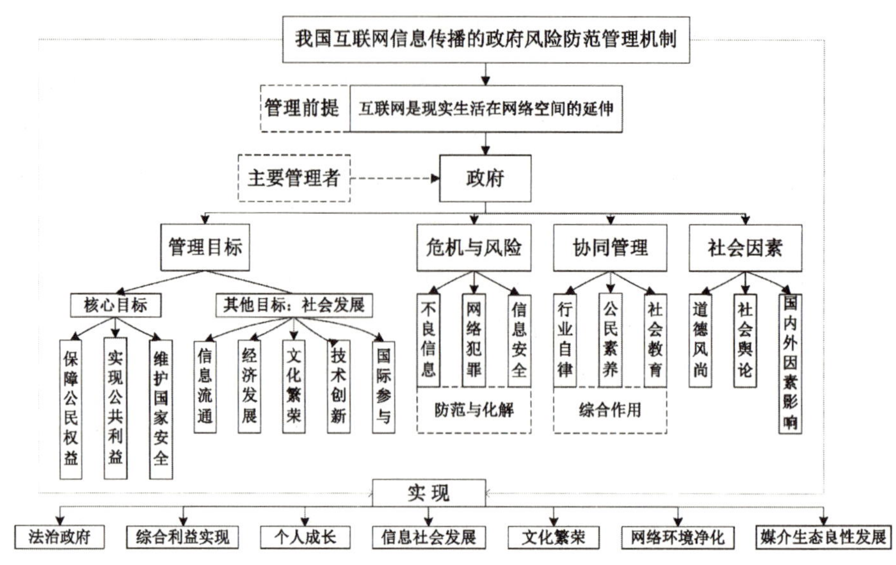

图 6-15 我国互联网信息传播的政府风险防范管理机制

能脱离现实管理手段和政策法律等软件的规制。

(2)主要目标:①核心目标:保障公民权益、实现公共利益和维护国家安全。为实现这一核心目标,在法律法规内容方面,互联网相关政策内容的制定、颁布、实施与监督;在保障公民权益方面,依法保障公民的通信自由和通信秘密,同时规定不得损害国家、社会、集体的利益和其他公民的合法权益;在制度规范方面,规范互联网行业发展和企业行为,倡导互联网企业自律。②其他目标:社会发展,包括信息流通、经济发展、文化繁荣、技术创新、国际参与等。互联网作为信息经济的产物,也是一项高投入和高新技术集中的行业。因此,它共享信息,传播知识,减少信息鸿沟,有助于推动社会进步和发展。在这一过程中,政府也需要发挥相应的管理职能。在信息传播方面,规范信息传播行为,促进信息资源的流通和共享;在经济发展方面,为网络经济准入提供制度、资金和技术支持,加速产业升级和发展,推进信息产业快速发展,繁荣国民经济;在互联网基础资源建设上,加大政府投入,加强基础设施建设;在技术进步上,鼓励创新,加速技术的转化应用;在文化发展方面,支持原创内容,促进网络内容产业发展;在国际合作领域,积极参与国际社会事务,保持与国际规则接轨。

(3)危机与风险:低俗等不良信息、网络犯罪、信息安全。

对于不良信息,运用技术手段进行遏制;在打击网络犯罪和不法行为上,要由公安机关等国家执法部门加强安全监督管理;在信息安全领域,由相关法律法规进行规范,任何组织或个人不得利用电信网络从事危害国家安全、社会公共利益或者他人合法权益的活动。

(4)协同管理:行业自律、公民素养、社会教育。

在发挥政府主导作用的同时,要注重对于互联网的协同管理作用。对于行业而言,要积极倡导行业自律,并强化互联网企业的自我约束意识和行为,为互联网内容和服务的健康发展起到正面作用;在公民素养方面,要强调公民媒介素养的培养,尤其是在网络时代,对于海量信息的鉴别、吸收以及传播更加依赖于公民个人素质的提高;在社会教育方面,需要社会、学校、家庭的全方位介入,同时加上公民个人的自我教育。从而使得互联网的管理成为一个全社会参与的相互作用的协同工作。

(5)社会因素:道德风尚、社会舆论、国内外因素影响。

在对互联网管理的过程中,还要考虑到其他各种社会因素的存在,它们的影响也不容忽视。因此,培养和塑造健康向上的道德风尚,提供公开透明的舆论氛围,自觉抵制不良因素和势力的干扰,也非常重要。

(6)最终达成:法治政府、综合利益实现、个人成长、信息社会发展、文化繁荣、网络净化、媒介生态良性发展。

以上种种内容,最后要归结于在实现互联网全方位治理的情况下,促进社会的进步发展。对于主要管理者而言,是建立起政策全面落实、监督机制健全、社会反应迅速的法治型政府;对于社会各方利益群体而言,是在健康的网络环境下,实现各自的利益及价值;对于公民个人而言,是获得快速畅通的信息传播渠道和进行资源分享,实现自我的素质培养和能力的提高,达到个人成长的最优化;对于社会而言,是在信息化条件下,抓住每一个发展机遇,充分利用后发优势取得大发展;对于文化而言,是在全球高度融合和竞争的背景下,结合自身的文化传统,在与新经济的融合里重获新生;对于互联网而言,是要实现一个在原则和规范之下的自由健康发展、良性互动畅通、信息资源丰富的洁净空间。在促进社会不断进步的同时,实现媒介生态环境的良性循环。

互联网的自由与无序注定了它不可能不受规制，政府的职能所在决定了它作为主要管理者的地位和身份。在政府的主导作用下，结合社会各方力量的参与，综合社会诸因素的协同作用，政府的风险防范管理机制才能真正实现对互联网信息传播的切实有效管理，从而为大众创造出信息丰富、沟通顺畅、繁荣发展、与现实社会密不可分的网络空间。

第 7 章　结论与展望

信息的爆炸性增长，技术的飞速进步，互联互通网络的日益普及，网络用户的不断增加，都给信息时代的网络治理带来更多以及更严峻的挑战。如何通过网络治理研究，在这纷繁变幻的网络大融合时代汇聚不同参与主体的综合利益，实现多元利益目标的达成，创造健康开明的网络媒介生态大环境，促成社会整体进步和文明的大发展，是本书进行网络治理研究的目的和价值所在。

7.1　研究结论

跳脱出单纯网络视野的局限，本书以互联网政策研究为基础，以实现政治(P)、经济(E)、社会(S)和技术(T)四维目标为方向，通过对政策和用户行为的双重协调，构建了我国网络传播的 PEST 外部协同治理机制。

本书的主要创新点主要有以下六个方面：

(1)对我国互联网政策的协调性进行了深入探讨和分析。本书搜集了从 1994 年至 2012 年 2 月与互联网发展与治理直接相关的政策文本共 104 篇(为保持政策的连续性和完整性，包括已废止的政策文本)，对互联网政策内容进行了一次全面的梳理和总结。以公共政策理论为基础，将文本内容分析和问卷调查两种研究方法相结合，运用公共政策协调性分析框架对我国互联网政策体系进行具体的研判和解析。弥补了我国互联网政策体系分析和实证研究的不足，具有一定的前瞻性和创新性。

(2)提出了我国互联网治理四维目标政策系统协同推进机制。通过对我国互联网政策系统性的内容分析，同时结合依据政策内容进行的调研结果，就我国互联网的政策目标来构建其政策系统的协同推进机制。

我国的互联网政策从总的来说是一个多元利益的集合体，其中主要代表了政府、企业、社会各种组织以及个人的多重利益。在此基础上，其主要通过政治(P)、经济(E)、社会(S)以及技术(T)等四种目标的实现来体现。针对这四维目标，完善从宏观到微观，诸如政策、制度、合作、参与、规范、自律以及自我提升和自我约束等，从政府到企业、到社会团体、到个人等，内容复杂多样且丝丝相连。因此，需要社会从上到下的整体参与，以及互相制衡、制约和协调、合作。只有通过全社会的努力和协作，才能实现一个社会里多元综合利益的最大化。

(3)提出了我国互联网治理的社会进步综合绩效评估机制。主要以我国互联网政策的绩效公民满意度为依据，在此基础上通过政策满意度调查的结果，根据其揭示和反映出的问题，结合我国互联网治理的目标来构建此机制。本书以法律绩效的公民满意度评估模型为基础，对公民满意度指标体系进行创新，发展出适于本书的互联网政策规范公民满意度指标体系，进行互联网法律绩效的公民满意度评估，并通过结构方程模型进行验证。从研究内容和研究方法上均具有创新性。

(4)对我国互联网用户的网络使用行为进行实证分析研究。本书从计划行为理论着手，通过基于该理论的社会调研，结合我国当前互联网政策内容和实施现状，对互联网用户的网络使用行为态度、主观规范、控制认知以及其网络使用的意向和行为之间的关系和影响等进行揭示。用计划行为理论和结构方程模型进行互联网用户行为分析，在理论的发展和实践应用中也都具有前瞻性和进步性。

(5)提出了我国网络传播的 PEST 外部协同治理机制。该治理机制以实现我国互联网多元主体综合利益的我国互联网治理的四维目标政策系统协同推进机制和我国互联网治理的社会进步综合绩效评估机制为基础，以我国互联网用户的网络使用行为实证分析研究为效果比对验证来建构而成，立体、全面地对我国互联网治理问题进行了深入探讨和分析，具有创新和进步意义。

(6)提出了我国互联网信息传播的政府风险防范管理机制。在对我国互联网信息传播的治理中，考虑到治理的主体，即政府的重要性，本书针对政府在互联网治理过程中发挥的主要作用，建立与时代发展相适应的互联网信息传播风险防范管理机制。这是对政府管理职能和社会诸因素协同作用的全面考量和发展。

7.2 研究理论和方法进展

本书对互联网的政策研究主要通过回溯性和评价性方式进行，以文本分析和社会调查相结合，通过实证研究进行分析。对于互联网用户的使用行为则是一种验证式的实证研究。这三种方式融汇在一起，主要以定量分析为主对互联网治理进行探索，并得出相应的结果和预测性的研究结论。这是针对目前我国互联网治理研究，尤其是实证方面研究的不足所进行的新的探索。

(1)推进了公共政策科学的本土化和创新研究。在信息科技发展的大背景下，将公共政策理论融入互联网治理研究，并使用内容分析、社会调研以及结构方程等一系列研究方法，通过定性和定量相结合的方式对互联网治理进行全方位的分析，弥补了我国政策研究中定量研究的不足，加强了对我国公共政策科学理论体系以及公共政策科学研究的技术工具体系的创新。

(2)创新了互联网治理的研究双协同路径。本书先从政策角度入手，一方面在文本内容上对互联网政策进行分析，另一方面对互联网政策绩效进行实证分析；再对互联网用户的使用行为进行了调研分析。通过对互联网相关领域三个层面的分析，经由政策和行为两种分析途径，以两种针对互联网治理不同角度进行分析和研究的各异的研究路径，将内容和实效两个方面进行相互对照和验证，从而对互联网外部治理过程中的不同要素、不同领域和不同作用力进行综合研判，对互联网治理研究进行了新的突破。

(3)本书使用结构方程的方法对我国互联网政策的社会绩效进行实证研究，尽管有些结论似乎是不证即明、不言而喻的常理，但是通过实践检验以及用数据说话的方式，可以得出相对更加科学、更加合理以及更具可信度的结果。它不仅检验了已有的假设，还提出新的相关假设，丰富了对我国互联网政策研究这一问题的认识和深化。通过建立理论假设和验证来对我国互联网政策绩效进行实证分析，这是对于我国互联网政策研究的一次有益探索，并启发我们利用科学的方法对社会问题进行技术分析，使我们的研究结果更加贴近社会真实。

(4)用结构方程模型对我国互联网用户使用行为的研究则将用户行为从态度、主观规范、控制认知到用户的使用意向和行为这一完整过程进行具体化和数字化的分析，从而对于互联网用户的行为研究有了一个更清晰明了的可视化路径。对于它们之间的相互关系和彼此之间的作用机理也有了充分的可信表达和揭示。这在互联网用户研究领域是一次全新的尝试和突破，对于互联网用户行为研究也做出了一种更为直观的呈现。

(5)从互联网政策出发，进行文本分析和政策绩效评估调查是本书研究所依据的基础，而基于互联网政策文本进行的互联网用户网络使用行为调查，则是对现实情况的实际摸查以及从某种程度上来说对政策的检验。这些工作最终都指向的是对于互联网信息传播进行治理这一总的方向，合力作用的结果是构建我国网络传播 PEST 外部协同治理机制。它源于政策文本，深入社会实践，回归治理根本，以一种多维、立体的方式对我国互联网治理问题进行了深入探讨和分析。

7.3 研究局限和展望

信息社会的到来和不断进步，网络融合的日益加深，对于网络传播的治理必将更加紧迫和重要。通过实证方式对互联网治理进行研究，用数字说话将有助于更为客观、直观和真实地推进其治理贴近现实并预测未来。

尽管本书在这一领域进行了新的尝试和探索，但是在调查问卷及量表设计方面，笔者个人主观因素介入的不可避免性，以及行为研究的复杂性和不可完全评估性，再加上互联网生态环境的复杂性以及笔者学识和能力的不足，本书仍将存在诸多局限性，需要在今后的研究中不断钻研、完善并推向深化。

对于本书中的互联网政策绩效评估模型和互联网用户的使用行为模型及其量表设计，由于并无前人的验证性研究基础，因此本书的测量结果主要基于本书自身的理论模型分析而来。所以，尽管本书中的模型验证取得了相对合理的数据结果，但其是否具有普遍以及广泛的适用性，其规范性程度究竟怎样等，都将有待于更加深入、细致和反复的研究与探索。

对于互联网政策绩效的调研，因为考虑到业内人士可能会更加熟悉政策内容，调查对象最初是设定为互联网行业相关从业者。后来在实际调研中，根据对业内人士调查的反馈结果，发现其虽然从事该行业，但是对于政策内容并不十分理解和熟悉，与一般用户没有太大差别。同时，由于对于业内人士的调查，存在样本数不足的问题，因此后来改为对所有网络用户的调研。

如果条件许可，本部分的调研对象应该更集中于对业内人士和互联网政策的制定者以及研究者的调查，因为实现难度比较大，本书未能进行。因此，也可谓是本书的一个缺憾和不足。

还需要指出的是，本书在调研过程中为了收集问卷的便捷而主要采取网上分发的方式进行，因此被调研对象以互联网用户为主。一方面，这可以保证被调查者对于互联网政策及其实施相对了解，从而便于调研的开展；另一方面，因为集中在互联网用户中进行调研，其观点是否能代表社会公众对互联网政策绩效的看法就有待商榷。这一缺憾将在今后的研究中被更加周到地考虑进去，从而保证研究工作更为科学、严谨和完善。

附录　调查问卷

问卷1：

小姐、女士/先生：您好！

我们是本次调研的研究人员，正在做一项有关互联网政策绩效公民满意度方面的情况调查，特请您参加问卷调查。我们承诺，本调查结果仅用于学术研究，您填写的信息不会被本项目研究人员之外的其他人所知悉。

衷心感谢您的合作！

说明：请您在相应位置填写合适的选项（数字、英文字母或答案），凡未注明为多选题的，均为单选题。

一、您对目前我国互联网信息及管理现状的评价

下列问题请您根据您对互联网使用的整体感受进行选择，本表有5个选项，1表示“**非常同意**”、2表示“**同意**”、3表示“**无所谓（不确定）**”、4表示“**不同意**”和5表示“**非常不同意**”。	1	2	3	4	5
1. 您认为网络上的信息需要管理和控制					
2. 您认为移动互联网的安全性需要增强					
3. 您认为在网络使用中网络侵权事件频发					

二、互联网政策满意度调查

下列问题请您根据您对我国互联网政策的整体感受进行选择，本表有5个选项，1表示“**非常同意**”、2表示“**同意**”、3表示“**无所谓（不确定）**”、4表示“**不同意**”和5表示“**非常不同意**”。	1	2	3	4	5
您认为我国的互联网政策：					
1.1 符合社会发展规律					
1.2 符合经济发展规律					

（续表）

1.3 符合产业发展规律					
1.4 符合文化发展规律					
1.5 符合个人发展需求					
2.1.1 政策内容合理全面					
2.1.2 能够根据互联网产业发展需要制定创新性政策					
2.1.3 政策由多个部门颁布，整体上缺乏系统性					
2.2.1 政策能够促进互联网企业的公平竞争					
2.2.2 政策利于消除企业经营及产品和服务同质化的现象					
2.3.1 现有的互联网政策能够满足社会需求					
3.1.1 配套的法律法规完善					
3.1.2 政府宏观管理效率高					
3.2.1 提高了社会经济效益					
3.2.2 推动了信息产业发展					
3.3.1 加速了信息流通共享					
3.3.2 促进了文化繁荣发展					
3.4.1 加速了技术创新发展					
3.4.2 推进了技术转化应用					
4.1 您对互联网政策的总体满意度高					
4.2 您对互联网信息的总体信任度高					
4.3 您认为互联网政策有助于促进社会民主进步					
4.4 您对我国互联网政策的期望与其实际发展情况的比较 （本项按照期望与实际感知的差异越大则分数越低的标准排序）					
5.1 政策得到全面落实					
5.2 政策具有可操作性					
5.3 相关监督机制完善					
5.4 社会公众参与度高					
6.1 政府管理互联网的行为在总体上符合公共利益					
6.2 政策使互联网企业的经营与发展更加具有活力					
6.3 政策执行监督机构的约束力强					
6.4 互联网政策宣传的社会效果好					

三、您的基本信息是：

1. 您的性别：________

A. 男性　　B. 女性

2. 您的年龄：________

A. 小于 18 岁　B. 18～20 岁　C. 21～25 岁　D. 26～30 岁

E. 31～35 岁　F. 36～40 岁　G. 41～45 岁　H. 46～50 岁

I. 51～55 岁　J. 56～60 岁　K. 60 岁以上

3. 您的学历：________

A. 初中及以下　B. 高中(含中专/技校)　C. 大专

D. 本科　E. 研究生及以上

4. 您的月收入：________

A. <1 000 元　B. 1 000～2 999 元　C. 3 000～4 999

D. 5 000～6 999 元　E. 7 000～8 999 元　F. 9 000 元及以上

5. 您的职业：________

A. 综合职能(行政、HR、财务、法务、网络规则、信息安全、物流/仓储、培训/咨询等职能支持)　B. 运营管理　C. 技术研发　D. 市场营销(营销策划、销售、媒介、广告)　E. 设计类(交互、视觉、用户体验等)　F. 客户服务　G. 产品类　H. 内容编辑　I. 新闻采编　J. 其他________(请填写)

再次感谢您的合作！

问卷 2：

小姐、女士/先生：您好！

我们是本次调研的研究人员，正在做一项有关互联网使用行为方面的情况调查，特请您参加问卷调查。我们承诺，本调查结果仅用于学术研究，您填写的信息不会被本项目研究人员之外的其他人所知悉。

衷心感谢您的合作！

说明：请您在相应位置填写合适的选项（数字、英文字母或答案），凡未注明为多选题的，均为单选题。

一、网络用户调查

下列问题请您根据您对网络使用的情况进行选择，本表选项除特别注明外均为 5 个选项，1 表示“**非常同意**”、2 表示“**同意**”、3 表示“**无所谓（不确定）**”、4 表示“**不同意**”和 5 表示“**非常不同意**”。	1	2	3	4	5
在使用网络过程中，您认为：					
A1.1 应该重视和支持对网络安全技术的研究和开发					
A1.2 应该严惩利用互联网组织邪教组织、联络邪教组织成员					
A1.3 应该打击利用互联网建立淫秽网站、提供淫秽站点链接					
A1.4 网络不良信息（如色情、暴力、欺诈等）会危害未成年人身心健康					
A1.5 提高农村互联网普及应用水平，有利于缩小城乡差距					
A2.1 互联网对自然灾害、事故灾难、公共事件等能够起到如预防、监测、预警、应急处置、救援和事后恢复等作用					
A2.2 请问您最常从以下哪种渠道获取我国的政府信息公开内容：（请将选项前的字母填写在括号中） 最常用（　）　其次（　）　再次（　）　复次（　）　（　）最后（　） A. 政府网站　B. 综合性门户网站　C. 新闻发布会　D. 报刊　E. 广播　F. 电视　G. 其他______（请填写）					
A2.3 当前我国互联网著作权受保护的程度很高					
A2.4 您上网时经常在不知情的情况下被安装流氓软件					
SN1.1 支持建立网站用户实名登记制度					

（续表）

SN1.2 支持互联网营业场所不得接纳未成年人进入					
SN1.3 当前我国政府信息公开制度很完善					
SN1.4 需要用技术手段对网络内容分级，防止未成年人接触网络色情					
SN2.1 您认为各通信管理局需要对以下哪类网站经营行为和 BBS 内容等进行监管：（本题为单选题） A. 信息内容多　B. 浏览量大　C. 影响力大　D. 以上全部　E. 其他______（请填写）					
SN2.2 互联网经营者应加强自律					
SN2.3 网游经营单位应限制未成年人的游戏时间					
SN2.4 网站不应为追求轰动效应和点击率而传播虚假新闻、色情图片等					
PBC1.1 应加强全民互联网法制宣传教育工作					
PBC1.2 网游经营应遵纪守法，坚持社会效益优先，保护网游用户合法权益					
PBC1.3 政府整治手机淫秽色情专项工作有利于电信业促进经济和社会发展					
PBC1.4 应充分利用互联网平台传播法律知识弘扬法治精神					
PBC2.1 在突发事件中不应编造并传播有关事态发展的虚假信息					
PBC2.2 当遭遇网络侵权时，您会考虑使用法律手段保护自己的合法权益					
PBC2.3 加强网络安全教育很有必要					
B1.1 您通过手机等移动通讯终端收到色情及低俗电子信息后常常会继续转发					
B1.2 您在使用互联网电子邮件时常常收到垃圾邮件					
B1.3 您经常在网站上输入自己的个人信息（如手机、邮箱、生日、年龄等）					
B1.4 您在使用公共无线网络时会注意网络的加密设置情况					
B1.5 您收到垃圾邮件或手机垃圾短信后会向服务商或有关部门举报					

二、您的基本信息

1. 您的性别：________

A. 男性　　B. 女性

2. 您的年龄：________

A. 小于18岁　B. 18～20岁　C. 21～25岁　D. 26～30岁

E. 31～35岁　F. 36～40岁　G. 41～45岁　H. 46～50岁

I. 51～55岁　J. 56～60岁　K. 60岁以上

3. 您的学历：________

A. 初中及以下　B. 高中(含中专/技校)　C. 大专

D. 本科　E. 研究生及以上

4. 您的月收入：________

A. ＜1 000元　B. 1 000～2 999元

C. 3 000～4 999元　D. 5 000～6 999元

E. 7 000～8 999元　F. 9 000元及以上

5. 您的职业：________

A. 各类专业技术人员　B. 国家机关工作人员　C. 企业管理层

D. 生产一线员工　E. 私营企业主　F. 个体工商户

G. 自由职业者　H. 农民　I. 教师

J. 学生　K. 军人　L. 离退休人员

M. 失业人员　N. 其他________(请填写)

6. 您当前所在的城市/地区：

A. 北京　B. 上海　C. 杭州　D. 深圳

E. 其他________(请填写)

再次感谢您的合作！

参 考 文 献

[1] 陈庆云.公共政策分析[M].北京:中国经济出版社,1996.

[2] 杨东峰,殷成志.国家层面规划与政策的监测评估[J].管理科学,2007,21(1).

[3] 王宇颖.现阶段我国公共政策监督管理的问题及措施[J].理论前沿,2007(14).

[4] 傅广苑.非线性视角中的公共政策执行过程[J].中国行政管理,2003(05).

[5] 龚虹波.执行结构转换下的权力互动[J].公共管理学报,2007,4(04).

[6] 周文生.法律绩效的公民满意度评估研究[D].济南:山东大学,2010.

[7] 米子川,高岳.公众满意度测量指标体系研究[J].山西财经大学学报(高等教育版),2004(12).

[8] 刘腾飞.基于互联网能力成熟度模型的中美互联网治理研究[D].北京:北京邮电大学,2009.

[9] 邱皓政.量化研究与统计分析:SPSS中文视窗版数据分析范例解析[M].重庆:重庆大学出版社,2009.

[10] 何俊辉.开放式教育的市场导向战略体系实证研究[J].中国远程教育,2010(05).

[11] 谢永江.论我国互联网治理体制的完善[J].江西社会科学,2011(01).

[12] 邱皓政,林碧芳.结构方程模型的原理与应用[M].北京:中国轻工业出版社,2009.

[13] 杜雯雯,朱涛.我国中青年家庭资产组合的结构方程模型研究[J].海南金融,2012(10).

[14] 彭蕾.结构方程模型之AMOS操作与应用[EB/OL].http://www.

doc88.com/p-499187070540.html.

[15] 王静,杨屹,傅灵菲,顾沈兵.计划行为理论概述[J].健康教育与健康促进,2011(04).

[16] 刘宇伟.计划行为理论和中国消费者绿色消费行为[J].中国流通经济,2008(08).

[17] 赵建欣,张忠根.基于计划行为理论的农户安全农产品供给机理探析[J].财贸研究,2007(06).

[18] 苏秦, 李钊, 崔艳武, 陈婷.网络消费者行为影响因素分析及实证研究[J].系统工程,2007(02).

[19] 杨雪燕,李树茁.公共政策系统协调性分析框架:设计与应用[Z].(未刊稿),2008.

[20] 李鸿飞.立法后评估制度研究[D].青岛:中国海洋大学,2008.

[21] 蔡立辉.西方国家政府绩效评估的理念及其启示[J].清华大学学报(哲学社会科学版),2003(01).

[22] 范柏乃.政府绩效评估理论与实务[M].北京:人民出版社,2005.

[23] China-Telecoms, Mobile, Broadband and Forecasts[EB/OL].[2012 - 01 - 08].www.budde.com.au/Research/China - Telecoms - Mobile - Broadband - and - Forecasts.html.

[24] 第 29 次中国互联网络发展状况统计报告[EB/OL]. 北京:中国互联网络信息中心,2012[2012 - 02 - 24]. http://wenku.baidu.com/view/4bf1d267caaedd3383c4d378.html.

[25] Internetworldstats[EB/OL].[2012 - 02 - 24].http://www.internetworldstats.com/stats.htm.

[26] web3.0[EB/OL].北京:百度百科,2012. [2012 - 02 - 24].http://baike.baidu.com/view/269113.htm.

[27] [美]尼葛洛庞帝.数字化生存[M].海口:海南出版社,1997.

[28] China-Telecoms, Mobile, Broadband and Forecasts, Market highlights, [EB/OL].[2012 - 01 - 08].www. budde. com. au/Research/China-Telecoms-Mobile-Broadband-and-Forecasts.html.

[29] 蔡海宁,陈稚华.论网络犯罪的新形式——网络非法经营犯罪[EB/OL].[2012-02-12].http://www.gzlawyer.org/topic.php? action=news&channelID=7&topicID=21&newsID=10007088.

[30] 互联网在破解困局中发展 赢利模式受挑战[EB/OL].[2012-02-12].http://www.ybhr.net/News/381.html.

[31] 中国移动互联网发展遇瓶颈 流量成最大问题[EB/OL].[2012-03-01].http://gb.cri.cn/30524/2011/04/18/5291s3221015.htm.

[32] 许海江.创新虚拟社会管理构建和谐网络环境[EB/OL].[2012-03-01].http://www.mmyn.yn.gov.cn/readinfo.aspx? B1=3254.

[33] CNCERT.2011年中国互联网网络安全态势报告[EB/OL].[2012-04-02].http://www.isc.org.cn/zxzx/ywsd/listinfo-19487.html.

[34] 中国国务院新闻办公室.白皮书:中国互联网存在区域和城乡发展不平衡[EB/OL].[2012-04-10].http://it.sohu.com/20100608/n272654378.shtml.

[35] 2011—2012年影响我国城市信息化行业发展的有利和不利因素[EB/OL].[2012-04-10].http://www.china-consulting.cn/news/2011-12-14/54.html.

[36] 垄断不利于互联网发展[EB/OL].[2012-04-11].http://it.sohu.com/20101110/n277496851.shtml.

[37] 陈庆云.公共政策分析[M].北京:中国经济出版社,1996.

[38] 杨雪燕,李树茁.公共政策系统协调性分析框架:设计与应用[Z].未刊稿,2008.

[39] SWOT分析模型[EB/OL].厦门:MBA智库百科.[2012-02-24].http://wiki.mbalib.com/wiki/SWOT%E5%88%86%E6%9E%90%E6%A8%A1%E5%9E%8B.

[40] Social Media Becomes Prevalent in China, Enid Burns, March 20, 2009[EB/OL].[2013-03-02].http://www.clickz.com/clickz/news/1702959/social-media-becomes-prevalent-china.

[41] 中国互联网的问题[EB/OL].[2013-01-16].http://info.yidaba.

com/201202/16143219100210010002141 8932.shtml.

[42] 2006 年中国网络文化市场发展现状与管理政策[EB/OL].[2013－01－23].http://www.ccm.gov.cn/show_zt.php? aid=4228&tid=379.

[43] 社交网站百花齐放[EB/OL]. 2012－02－20 [2013－01－23].http://info.yidaba.com/201202/200904091007100100000409715.shtml.

[44] 互联网人才需求大 准 IT 上市公司成跳槽热门[EB/OL].(2011－06－09)[2013－02－06].http://www.alibole.com/anews-20802.html

[45] 钟忠.中国互联网治理问题研究[M].北京:金城出版社,2010.

[46] 数字传播新趋势及其对通讯社的影响[EB/OL].(2007－09－17)[2013－03－17]. http://www. zjol. com. cn/05cjr/system/2007/09/17/008804653.shtml.

[47] 网络媒体受众新趋势,[EB/OL]. (2009－01－16)[2013－01－10]. http://news.xinhuanet.com/theory/2009－01/16/content_10646226.htm.

[48] 滕顺祥.基于互联网的行业综合治理机制与策略研究[D].北京:北京交通大学, 2010.

[49] [美]托马斯·R· 戴伊.理解公共政策[M].北京:华夏出版社,2004.

[50] 盛明科,刘贵忠.政府服务的公众满意度测评模型与方法研究[J].湖南社会科学,2006(06).

[51] 王谦,李锦红.政府部门公众满意度评价的一种有效实现途径[J].中国行政管理,2006(01).

[52] 第 31 次中国互联网络发展状况统计报告[EB/OL]. 北京:中国互联网络信息中心,2013[2013－04－20].http://www.cnnic.net.cn/hlwfzyj/hlwxzbg/hlwtjbg/201301/t20130115_38508.htm.

[53] 冯瑛.试论人力资本对企业创新绩效的影响[EB/OL]. 2010[2013－04－05].http://paper.people.com.cn/rmlt/html/2010－06/11/content_569280.htm? div=－1.

[54] 白皮书:政府在互联网管理中起主导作用[EB/OL].(2010－06－08)[2013－03－22].http://news.qq.com/a/20100608/001137.htm.

[55] 程开明.结构方程模型的特点及应用[J].统计与决策,2006(10).

[56] 周志忍.我国政府绩效管理研究的回顾与反思[J].公共行政评论,2009(01).

[57] 向坚持,陈晓红.基于结构方程模型的客户满意度建模及参数估计方法[J].湖南师范大学自然科学学报,2009(02).

[58] 顾力刚,赵鑫.基于结构方程模型的大型超市服务质量影响因素实证分析[J].经济论坛,2009(15).

[59] 蔡立辉.西方国家政府绩效评估的理念及其启示[J].清华大学学报(哲学社会科学版),2003(01).

[60] 温忠麟,侯杰泰,马什赫伯特.结构方程模型检验:拟合指数与卡方准则[J].心理学报,2004(02).

[61] 彭国甫,李树丞,盛明科.应用层次分析法确定政府绩效评估指标权重研究[J].中国软科学,2004(06).

[62] 林丹明,李炜文,梁强.我国管理学研究的统计功效分析[J].中大管理研究,2008(04).

[63] 徐健,刘子龙.网上顾客虚拟社区参与对在线黏度和再购意愿的影响研究[J]. 中国零售研究,2011(01).

[64] 熊景维.高校学生创业意愿影响因素及学生的创业障碍认知研究——基于 SEM 模型和 LAC 方法的分析[J].华中农业大学学报(社会科学版),2013(01).

[65] 周旭武.结构方程模型方法的实现与应用[D].大连:大连理工大学,2009.

[66] 侯杰泰,等.结构方程模型及其应用[M].北京:教育科学出版社,2004.

[67] 杨智勇,覃锋.基于结构方程模型的企业技术创新能力评价研究[J].科技进步与对策,2009(12).

[68] 邢道勇,罗艳梅.基于结构方程(SEM)的企业社会资本测量研究[J].财会通讯,2009(36).

[69] 向坚持,陈晓红.基于结构方程模型的客户满意度建模及参数估计方法[J].湖南师范大学自然科学学报,2009(02).

[70] 梁燕.顾客满意度研究的结构方程模型方法[J].中国质量,2010(02).

[71] 张军.结构方程模型构建方法比较[J].统计与决策,2007(18).
[72] 程开明.结构方程模型用于顾客满意度研究的理论探讨[J].市场研究,2006(04).
[73] 李晓鸿.结构方程模型在顾客满意度测评中的应用研究[J].西安邮电学院学报,2007(04).
[74] 李卫元,周欣胤.基于结构方程模型的超市顾客忠诚度研究[J].中国商贸,2009(19).
[75] 武海东.用结构方程模型构建图书馆读者满意度评价指标体系[J].情报科学,2011(02).
[76] 陈希镇,李学娟.结构方程模型下的信度估计[J].统计与决策,2011(01).
[77] 张林泉.多样本分析及在 AMOS 上的实现[J].现代计算机(专业版),2009(09).
[78] 文秋芳."作文内容"的构念效度研究——运用结构方程模型软件 AMOS 5 的尝试[J].外语研究,2007(03).
[79] 张学军.结构方程建模应用中的十大问题[J].统计与决策,2007(09).
[80] 张军.结构方程模型构建方法比较[J].统计与决策,2007(18).
[81] 傅贵,王祥尧,吉洪文,邵难.基于结构方程模型的安全文化影响因子分析[J].中国安全科学学报,2011(02).
[82] 李高扬,刘明广.基于结构方程模型的区域创新能力评价[J].技术经济与管理研究,2011(05).
[83] 黄德森,杨朝峰.基于结构方程模型的动漫产业影响因素分析[J].中国软科学,2011(05).
[84] 吴丽娟.基于结构方程模型的建筑企业核心竞争力影响因素分析[J].商业经济,2012(03).
[85] 周伟,韩家勤.区域科技资源配置的影响因素分析——基于结构方程模型的实证研究[J].情报杂志,2012(01).
[86] 汪侠,吴小根,章锦河,任黎秀,刘泽华,张洪.基于结构方程模型的旅游消费券效用影响因素研究——以杭州市为例[J].地理研究,2012(03).

[87] 西凤茹，代凤美，唐志丹.大学生创业倾向影响因素的结构方程模型分析[J]，现代教育管理.2012(03).

[88] AMOS 手把手教程[EB/OL].[2012 - 12 - 17].http://www.doc88.com/p-314883503363.html.

[89] 叶敏.中国互联网治理：目标、方式与特征[J].新视野，2011(01).

[90] 高宏存.我国网络管理的问题与机制探索[J].四川行政学院学报，2010(05).

[91] 谢永江，纪凡凯.论我国互联网管理立法的完善[J].国家行政学院学报，2010(05).

[92] 肖芃.试论网络传播对社会管理的影响[J].湖湘论坛，2006(03).

[93] 孟宪平.网络虚拟社会管理问题及对策分析[J].学习与实践，2011(08).

[94] 张丹，张真理.中国互联网治理的主体[J].现代商业，2011(32).

[95] 王晨.理顺互联网管理体制 提高虚拟社会管理水平[J].中国机构改革与管理，2012(02).

[96] 万春灵，任高丽.草根群体网络参政对政府管理的挑战及治理路径[J].中州大学学报，2012(01).

[97] 陆一，王忠禹，朱宏任，徐永华.互联网助力企业管理变革[J].中国质量技术监督，2012(04).

[98] 周晓燕.互联网治理的他国经验[J].人民论坛，2010(10).

[99] 蒋力啸.试析互联网治理的概念、机制与困境[J].江南社会学院学报，2011(03).

[100] 曾润喜，徐晓林.社会变迁中的互联网治理研究[J].政治学研究，2010(04).

[101] 王佳纬，屠瑾.略论互联网治理与构建和谐社会[J].中共青岛市委党校.青岛行政学院学报，2006(06).

[102] 蔡翔华.我国互联网治理的新思路[J].中共青岛市委党校.青岛行政学院学报，2007(01).

[103] 张慧君.全球化与转型国家治理模式重构——基于国家—市场—社会的三维分析视角[J].中共中央党校学报，2011(04).

[104] 付玉辉，翟京京.网络中立：塑造美国互联网治理格局的关键——2010年美国互联网治理困局分析[J].新闻大学，2011(03).

[105] 朱博夫.互联网治理——国际法的新使命[J].法制与社会，2009(16).

[106] 任明艳.互联网背景下国家信息主权问题研究[J].河北法学，2007(06).

[107] 宋晓慧，赵俊林，杨倩，赵升文.互联网治理之困境与出路[J].科学与管理，2009(04).

[108] 周煜.技术逻辑之殇——论互联网治理之缘起[J].新闻界，2009(02).

[109] Crowley，S. L.，Fan，X.Structural equation modeling：Basic concepts and applications in personality assessment research[J]. Journal of Personality，1997.

[110] Hershberger SL. The growth of structural equation modeling：1994—2001 [J]. Structural Equation Modeling A Multidisciplinary Journal，2003.

[111] MacCallum，R.，Austin，J.Applications of structural equation modeling in psychological research[J]. Annual Review of Psychology，2000.

[112] Yochai Benkler，Internet Regulation：A Case Study in the Problem of Unilateralism[J]，EJIL 11(2000)：171－185.

[113] Viktor Mayer-Schönberger，The Shape of Governance：Analyzing the World of Internet Regulation[EB/OL].[2013－02－07].http://heinonline.org/HOL/Page? collection＝journals&handle＝hein.journals/vajint43&type＝Text&id＝616.

[114] Antonio Segura-Serrano，Internet Regulation and the Role of International Law[J]，Max Planck Yearbook of United Nations Law，Vol. 10，No. 1.(June 2006)：191－272.

[115] Henry H. Perritt，Jr. The Internet is Changing the Public International Legal System[EB/OL].[2013－01－08].http://www.kentlaw.edu/cyberlaw/perrittnetchg.html.

[116] Anderson，Eugene W.，Fornel，Cales & Lehmann，Donald R.，

CustomerSatisfaction, Market Share and Profitability: Findings from Sweden[J],Journal of Marketing, 1994Vol.58:53-66.

[117] Anderson, Eugene W. & Sullivan, M.W., Customer Satisfaction and Retention Across Firms, presentation at the TIME College of Marketing Special Interest Conference on Service Marketing, 1990.

[118] Boyne,George A,Kenneth J.Meier,Laurence J.O''Toole Jr,Richard M.Walker. Where Next? Research Directions on Performance in Public Organizatioa [J].Journal of PublicAdministration Research and Theory, 2005, (15) :633—639.

[119] Heinrich, Carolyn J, Laurence ELynn Jr. Means and Ends: A Comparative Study of Empirical Methods for Investigating Governance and Performance[J]. Journal of Public Administration Research and Theory, 2000, (11) :109—138.

[120] Bentler PM. Comparative fit indexes in structural models[J]. Psychological Bulletin, 1990,107, 107(2) :238-246.

[121] Bollen KA, Long JS, eds. Alternative ways of assessing model fit [J].Newbury Park, CA: Sage Publications, 1993:136-162.

[122] LT Hu, PM Bentler. Cutoff criteria for fit indexes in covariance structure analysis: conventional criteria versus new alternatives[J]. Structural Equation Modeling, 1999,6, 6(1) :1-55.

[123] Merton, RC.Lifetime portfolio selection under uncertainty: The continuous-time case [J]. The Review of Economics and Statistics,1969.

[124] Samuelson, Paul A.Lifetime portfolio selection by dynamic stochastic programming[J]. The Review of Economics and Statistics,1969.

[125] Bodie Z,Merton R.C,Samuelson W.Labor Supply Flex-ibility and Portfolio Choice in a Life-Cycle Model[J]. Journal of Economic Dynamics and Control,1992.

[126] TF Golob.Structural equation modeling for travel behavior research

[J]. Transportation Research,2003.

[127] Ullman,J.Structural equation modeling:Reviewing the basics and moving forward[J]. Journal of Personality,2006.

[128] Schreiber,J,A Nora,F.Stage,E.Barlow,J.King.Reporting structural equation modeling and confirmatory factor analysis results: A review[J]. Journal of Educational Research,2006.

[129] Byrne,Barbara M.Structural equation modeling with AMOS,EQS, and LISREL: comparative approaches to testing for the factorial validity of a measuring instrument[J]. International journal of testing,2001.

[130] Taris T W. B.M. Byrne,Structural equation modeling with AMOS: Basic concepts, applications, and programming Mahwah NJ: Lawrence Erlbaum, 2002 0-8058-3322-6[J]. European Journal of Work & Organizational Psychology, 2002,(11):243－246.

索　引

E

F

G

H

V

W

X

Y